Trajetos e memórias
Renato Ortiz

1ª edição, 2010

editora brasiliense

Copyright © by Renato Ortiz, 2010

Nenhuma parte desta publicação pode ser gravada, armazenada em sistemas eletrônicos, fotocopiada, reproduzida por meios mecânicos ou outros quaisquer sem autorização prévia da editora.

Diretora editorial: *Danda Prado*

Supervisão editorial: *Luciana Nobile*
Coordenação editorial: *Vanderlei Orso*
Coordenação de produção: *Roseli Said*
Revisão de texto: *Angela das Neves*
Imagem da capa: *Andrew Beierle*
Projeto gráfico: *Iago Sartini*

Dados Internacionais de Catalogação na Publicação (CIP)
(Câmara Brasileira do Livro, SP, Brasil)

Ortiz, Renato
    Trajetos e memórias / Renato Ortiz. -- 1. ed. --
São Paulo : Brasiliense, 2010.

    ISBN 978-85-11-00159-4

    1. Ortiz, Renato, 1947 2. Sociólogos - Brasil -
Memórias autobiográficas I. Título.

09-13053   CDD-301.0920981

Índices para catálogo sistemático:
1. Sociólogos brasileiros : Autobiografia
301.0920981

editora e livraria brasiliense
Rua Mourato Coelho, 111 — Pinheiros
CEP 05417-010 — São Paulo — SP
www.editorabrasiliense.com.br

Trajetos e memórias
Renato Ortiz

À minha mãe,
Lydia, como minha avó

Livre-docência é um título concedido pelas instituições de ensino superior após a realização do doutorado. Uma das exigências, para obtê-lo, é a apresentação de um memorial, uma espécie de trajetória pessoal do candidato. Tendo realizado meus estudos de graduação e pós-graduação na França, eu me encontrava numa condição um tanto estranha — este seria o único título universitário brasileiro que poderia obter. Talvez isso tenha me levado a escrever um memorial fugindo aos padrões institucionais da época. O resultado foi uma autonarrativa construída através da história das ideias. A versão original, escrita em 1988, permaneceu adormecida. Resolvi, depois, relê-la, poli-la, retomar algumas partes. Este é o texto que apresento ao leitor. Ele fala não apenas de um indivíduo específico, o autor, mas do artesanato intelectual, seu encantamento e as armadilhas que o cercam.

PENTIMENTO E MEMÓRIA

As marcas da memória encerram uma ambiguidade latente, são indeléveis e opacas, uma névoa espessa mascara os traços de suas pegadas. As recordações não são nunca límpidas, cristalinas, elas repousam no fundo de uma tela recoberta por camadas superpostas de tinta. Diz-se que o pentimento de um quadro é o vestígio de uma composição anterior, as mudanças feitas pelo pintor, seu arrependimento, encobrem os passos do desenho original. A trilha de seu passado somente é revelada através de uma cuidadosa recuperação arqueológica. Revelar o pentimento da memória é uma tarefa delicada, é preciso cuidadosamente raspar a superfície visível de sua expressão, as marcas que encontramos, ocultas à primeira vista, testemunham uma intenção apagada pelo tempo. Em *Matière et mémoire*, Bergson distingue dois tipos de memória, uma que seria hábito, ação, e a outra, representação. O exemplo que ele trabalha é sugestivo. Eu estudo uma lição e, para entendê-la, leio-a inúmeras vezes, cada nova leitura é um progresso, as palavras se encadeiam e terminam por encaixar-se dentro de um conjunto inteligível. Diz-se então que ela se tornou lembrança, pois se encontra impressa na minha memória. Entretanto, posso perceber o processo de aprendizagem de outra maneira; nesse caso, não é tanto o resultado que interessa, o fato de tê-la ou não decorado, mas como a lição foi aprendida, quais as circunstâncias que a envolveram e o clima afetivo que a submergia. Cada leitura é um ponto descontínuo, uma individualidade diferente das outras, uma situação específica. O primeiro tipo de lembrança constitui um hábito que permite agir nas situações futuras; o segundo, uma representação, pois a recordação de cada uma é irredutível a todas as outras. Refazer uma trajetória intelectual é representá-la, torná-la presente através da rememorização; esse momento arbitrário é o ponto de partida em torno do qual se organiza o relato. A distinção proposta por Bergson é fácil de ser entendida quando se trata de estabelecer a diferença entre memória fisiológica e simbólica. Sua argumentação tinha o intuito de combater os psicólogos e a psicologia de seu tempo, ao reduzirem a lembrança a um traço material inscrito no cérebro. Dentro dessa perspectiva, relembrar seria um procedimento de caráter meramente biológico. Existem, porém, outros contratempos e Proust bem os percebeu: na busca de seu tempo perdido chegou a esboçar um contraponto entre memória voluntária e involuntária. A primeira seria fruto da razão e a segunda, da intuição. Não foi um ato de consciência que o projetou no passado; um acontecimento trivial, fortuito, o cheiro de uma *madeleine* o introduziu no recôndito mundo da infância.

Dificilmente poderia argumentar que um memorial seria da ordem da memória involuntária; meu impulso inicial nada tem de casual, ele se ancora num pressuposto anterior, a necessidade de circunstanciar uma autonarrativa visando à obtenção de um título específico. De alguma maneira, devo provar que os fatos "realmente se passaram assim"; para isso, sou obrigado a anexar um volume de evidências atestando a veracidade de minhas palavras — diplomas, cópias de artigos, exemplares de livros, atestados de frequência a congressos. Ao afirmar que li *Os manuscritos filosóficos* de Marx posso demonstrar, para mim e para os outros, que se trata de algo concreto e não o eco longínquo de uma recordação fugidia. Meu exemplar em francês, já bastante manuseado, as passagens nele grifadas, ou as anotações que guardei na pasta marxismo, não deixam dúvida de que estive por ali. Mesmo que eu as tivesse perdido, juntamente com o livro, restaria à banca examinadora o recurso de interrogar-me sobre a matéria. Teria então de recorrer à memória-hábito da qual Bergson nos falava, embora afastada, ela me guiaria nas agruras do presente. Mas seria um memorial a recordação pura e simples de um passado verdadeiro? Meu olhar passeia pela estante do escritório e pousa sobre um texto de Walter Benjamin. São dois tomos em francês. Confesso, nunca entendi o título, *Mythe et violence*, a coletânea incorpora um único escrito sobre o tema da violência, a maioria deles é dedicada à literatura e à arte. Logo na primeira página, deparo-me com uma dedicatória de Paula: "se você tiver saco de ler até o fim considere-se bem presenteado", embaixo a data, 25 de dezembro de 1971. Um presente de Natal. Eu havia visto o livro nas vitrines das livrarias, e as resenhas e os comentários na imprensa eram estimulantes, pois os franceses conheceram os pensadores frankfurtianos um pouco tardiamente, já em meados da década de 1960. Ele acabava de ser lançado com um prefácio de Maurice de Gondillac, fiquei curioso, mas não tinha dinheiro para adquiri-lo. Paula o roubou para presentear-me. Nós éramos *con-*

cierges, tínhamos uma vida difícil, guardávamos aquele prédio de sete andares numa pequena rua próxima ao Jardim de Luxemburgo. Deixo o exemplar de Benjamin e escolho outro: *Textos dialéticos*, de Hegel. Na capa, uma informação adicional para o leitor: "selecionados e traduzidos com introdução e notas pelo prof. Djacir Menezes". Uma surpresa. O que faz esse pensador na minha estante ao lado de Marx e de Engels? Não teria sido mais apropriado ter lido algo canônico como os textos de Kojève ou Hippolyte? O livro data de 1969, significa que eu ainda me encontrava no Brasil, era politécnico, começava a me interessar pelas ciências sociais e seguia alguns cursos no Instituto de Filosofia, reduto do pensamento tradicional que eu combatia no movimento estudantil. Paris — as livrarias — Paula — *concierge;* Escola Politécnica — o curso no Instituto de Filosofia —, a politização dos anos 1960. Já não me encontro entre minhas anotações, esses livros retiram-me da memória-hábito, projetando-me numa dimensão alheia aos diplomas, textos ou conferências. Só posso representá-la.

A arte mnemônica realiza-se a partir de um determinado ponto fixo; eu relembro o passado numa situação na qual o presente age como filtro. Os negros africanos, ao celebrarem os mitos de sua memória coletiva, os misturaram aos elementos brasileiros, a realidade de suas vidas diferia de seus lugares de origem. O fato de terem sido deslocados da África para o continente americano fez com que vários traços de suas culturas fossem esquecidos, outros, acrescentados. Seria a memória dos candomblés verdadeira? A pergunta contém uma armadilha e nos induz a um falso dilema: a crença na imutabilidade da lembrança. Como se tratasse de um registro pétreo à revelia do tempo, permanecendo idêntico a si mesmo durante o seu transcurso. A busca pela reminiscência autêntica, à margem da corrosão temporal, é uma quimera, toda recordação contém uma relativa arbitrariedade no seu rearranjo, o presente é um fator dinâmico, intrínseco ao processo mnemônico. Este memorial-memória vem marcado por uma contradição, a necessidade de ser representação e verdade. Tenho de escrevê-lo de maneira convincente, relatando fatos que necessitam e podem ser comprovados, caso contrário fracassaria na tentativa de obter minha livre-docência. Mas não posso me furtar a uma dimensão imagética, nebulosa também para mim. Um texto escrito aos 41 anos de idade, com uma finalidade acadêmica, no qual não devem vazar minhas recordações mais íntimas. Um memorial, balanço de minhas inclinações intelectuais, que não se reduz a conceitos e teorias, abarca meus sonhos e ilusões.

As linhas do destino

Pierre Bourdieu, ao desenvolver a noção de *habitus*, recupera da velha escolástica a ideia de que ele seria um *modus operandi*, uma disposição estável para se agir numa determinada direção. Por meio da repetição, cria-se uma conaturabilidade entre sujeito e objeto, assegurando-se a realização de uma ação determinada. Quando menino acreditava que a sentença "o hábito faz o monge" falava de sua vestimenta. A evidência do traje era o sinal indiscutível de sua personalidade. Não havia compreendido que os rigores da vida monástica e a ética frugal, inscritas no seu corpo, fruto de um aprendizado longo e severo, é que constituíam o seu verdadeiro ser. O conceito já tinha sido trabalhado no livro *A reprodução*, escrito em colaboração com Passeron, de quem fui aluno em Vincennes, e retomava algumas preocupações de Althusser sobre a escola como "aparelho ideológico de Estado". Bourdieu, apesar de suas críticas posteriores, na época encontrava-se próximo da corrente estruturalista dominante e procurava entender como o indivíduo, enquanto ator social, era um elemento ativo na reprodução da ordem. A noção foi, mais tarde, melhor elaborada, decantada e aplicada a pesquisas empíricas sobre o mundo da cultura, do teatro, do cinema, dos museus, da fotografia, do gosto, procurando apreender os mecanismos de distinção social. Poderíamos resumi-la da seguinte maneira: diga-me que museus frequentas, os livros que lês, teu gosto musical, tua inclinação estética, as roupas que usas, a escola em que estudastes, e eu te direi quem és. Não tenho dúvida a respeito da relevância desses estudos, mas, creio, seriam insuficientes para captar meu itinerário pessoal. A formação de meu *habitus* orientava-me para tudo o que não fui. Desvendo, às vezes, no olhar dos que me foram próximos, um certo espanto em relação a meu descaminho. Mesmo já tendo sobre ele refletido, reluto em aceitar uma explicação que o justifique inteiramente. Se considerasse a ideia de *beruf*, resolveria o dilema sem maiores complicações; no entanto, o argumento da vocação incomoda-me pelo seu fundo religioso, não foi por acaso que Weber o encontrou na releitura que Lutero fazia da *Bíblia*. Talvez, sendo agora obrigado a colocar minha trajetória no papel, consiga esclarecer as linhas de um destino que ainda não havia sido traçado.

Fora a disposição musical que herdei de minha mãe, e eu me refiro à música popular; a clássica era um ruído estranho ao ambiente no qual fui educado, não me recordo de nenhuma inclinação cultural mais elaborada que porventura pudesse ter absorvido durante minha infância e adolescência. Do lado de meu pai, poderia, talvez, ter "puxado" meu tio Carlos, ex-padre que, na década de 1940, desviou-se da senda da Igreja, abandonou a batina, deixou o interior pela capital, aproximou-se do Partido Comunista (junto com Dias Gomes representou o Brasil no congresso de escritores em Moscou em meados dos anos 1950), foi jornalista e cineasta. Pude recentemente ver o seu longa-metragem, *Alameda da Saudade 113*, nada mau para a época, embora o enredo seja um tanto melodramático: conta a história de um amor espírita, o encontro de um homem apaixonado por uma mulher já falecida. O número 113, figurando no título, indica a localização do jazigo no cemitério. Outro dia, folheando um texto de Glauber Rocha, fui encontrar Carlos Ortiz em nota de rodapé, com suas cartilhas sobre cinema, resumos dos cursos que ministrava no início dos anos 1950 em São Paulo. Mas, se coloco esta possível influência no condicional, é porque ela decorre de uma visão *a posteriori*. Minha memória organiza as lembranças a partir de informações que hoje possuo, como este pequeno livro, *Carlos Ortiz e o cinema brasileiro na década de 50*, ele me ensina algo que nunca vivenciei. Meu tio Carlos foi uma exceção entre seus irmãos. Meu pai não terminou o curso ginasial e sua profissão de comerciante, — era representante de produtos diversos, como farinha, fósforos, banha, — o fazia viajar por todo o Vale do Paraíba; ele oferecia aos donos dos pequenos bares e armazéns a lista das marcas com as quais trabalhava. Morreu quando eu tinha oito anos de idade, afastando-me definitivamente da influência da família Ortiz. Minha mãe tinha mais estudo. Preparou-se para o magistério, fez escola normal e um curso de especialização em educação física. Dinâmica, ela trabalhava fora quando as mulheres de classe média geralmente se ocupavam da casa, guiava automóvel e cedo, viúva, teve de arcar com uma família de três filhos. Após o falecimento de meu pai, tentou por todos os meios retornar a Ribeirão Preto junto ao clã familiar. Conseguiu, por fim, uma vaga numa pequena escola secundária em Brodósqui e nos mudamos quando eu estava para completar 14 anos. Se a ascendência paterna tinha até então sido modesta, tornou-se pálida a partir daí. A família de minha mãe era numerosa, oito homens e oito mulheres. A natureza dividiu em número idêntico os sexos, como essas fratrias das sociedades aborígines cujo sistema de classificação social erigia uma ordem harmoniosa e complementar. Meu avô, imigrante português, marceneiro, casou-se com uma mulata da cidade de

Cravinhos, cuja origem persistia-se em ignorar. Uma família afetiva, solidária. Os irmãos ajudavam-se entre si, os mais velhos custeavam os estudos e as despesas dos mais novos, assim, todos teriam melhores oportunidades na vida. Uma família endogâmica, voltada para si mesma, procurando se ajustar aos moldes e às pressões de um mundo que a acolhia e a rejeitava.

Desde cedo aprendi a importância do trabalho, "dar duro"; a cultura, um apêndice, identificava-se à escola como um instrumento de ascensão social por excelência. Um ensinamento que de alguma maneira tinha sido testado pela geração anterior. Alguns de meus tios, a duras penas, terminaram a universidade. Minhas tias, na sua maioria, cursaram a escola normal, transformando-se em professoras primárias ou secundárias. No espaço de alguns anos, as aflições anteriores começaram a se apagar. Mas vivíamos uma situação ambígua. Ao lado do êxito conseguido por alguns, da ascensão efetiva na escala social, coabitavam as feridas não cicatrizadas de uma trajetória de esperanças e sofrimento, disciplina e pobreza, marcas inoportunas do passado intruso. Entre o conforto do presente e a latência das origens, uma contradição insinuava-se. Isso se refletiu em vários momentos de minha educação. Por um lado, percebia-se a escola como a única via possível de mobilidade social; assim, os estudos eram valorizados, de preferência as profissões técnicas e prestigiosas, medicina, engenharia, advocacia. Contudo, uma consciência subterrânea emitia sinais de que "nem tudo era possível". Isso gerou uma atitude peculiar. Era importante estudar, tirar boas notas, mas deveríamos desconfiar dos excessos — eles encerravam um potencial de desconhecida vulnerabilidade. Minha mãe exultava com meu desempenho escolar, as distinções que recebia na escola primária, os boletins atestando minha facilidade no estudo, mas ela deixava também transparecer um certo mal-estar ao perceber que isso me tornava mais frágil em relação ao mundo exterior. O melhor seria adequar-se a uma posição intermediária entre os extremos. Deveríamos fazer o possível para entrarmos nas melhores faculdades, mas, no fundo, todas eram igualmente boas e seguras. Fui educado para me ajustar às regras e aos valores socialmente partilhados. Foi com essa intenção que minha mãe me enviou para a escola agrária; não que ela não se interessasse pelo meu destino — e, no caso, isso exigiria uma solução diversa, pois o curso científico era mais apropriado do que uma formação técnica. Quando entrei na Escola Politécnica, ela, já doente, ficou orgulhosa com o feito; afinal, era o primeiro na família a entrar numa "grande escola".

Mas, ao terminar o ginásio, seu raciocínio foi outro, nada lhe assegurava que um dia eu chegaria lá, um acidente de percurso, uma falha, bastaria para desviar-me do caminho ideal. Entre um futuro incerto e a garantia do presente era preferível a prudência à dúvida, pois aos 17 anos teria uma profissão e poderia exercê-la de forma independente; caso viesse a me arrepender da escolha, bastaria reconverter minhas energias.

Não há muito a dizer sobre minha permanência no Instituto de Zootecnia e Indústrias Pecuárias Fernando Costa. Deixei Ribeirão Preto aos 15 anos de idade e mal suspeitava de que nunca regressaria à casa. Morando em regime de internato, em Pirassununga, vivi, na fazenda, num alojamento de jovens onde ao menos aprendi as regras de convivência nos espaços coletivos. Um dormitório com quarenta pessoas, refeitório comum, aulas pela manhã, matemática, física, inglês, à tarde, zootecnia do gado leiteiro, microbiologia do leite, preparação e conservação de queijos, higiene rural. Formei-me em 1964 como técnico em laticínios.

Quando me debruço sobre meu passado, seccionando-o para este memorial, enxergo mal os nichos nos quais uma formação mais reflexiva pudesse florescer. Minha ida para a escola rural em nada contribuiu para isso. Weber cultivava a ideia de que o intelectualismo é uma qualidade da cidade, com sua racionalidade específica, a vida dinâmica, o burburinho das ruas e das grandes aglomerações. Jacques Le Goff tem um belo livro sobre os intelectuais na Idade Média no qual mostra como na Europa a *intelligentsia* nasce com as cidades. É sugestivo o contraste que ele descreve entre Abelardo, professor em Paris, cavaleiro da dialética, animado pela paixão intelectual, e São Bernardo, homem rural, defensor das cruzadas, para quem a força bruta era a via certeira para se promover a fé. Sua análise nos remete a toda uma discussão a respeito do contraste entre a cidade e o campo, a disposição reflexiva e a contemplação mística. Mas eu não possuía na época a erudição que agora exibo, desconhecia a existência de Max Weber, e São Bernardo era uma imagem santificada adornando os muros das igrejas. No entanto, não era difícil intuir que a experiência agrária em nada privilegiava a atividade intelectual, os valores que prezávamos eram outros, a força e a masculinidade. "Ser macho", "inflexível", enfrentar com rigidez o gado leiteiro e a vida eram as qualidades apreciadas, a sensibilidade e a reflexão, vistas com desconfiança, associavam-se à fraqueza do espírito e do corpo.

Forçando minha memória, consigo reconhecer um aspecto que, talvez, à minha revelia, tenha influenciado meu descaminho: o gosto excessivo pelo cinema e pela leitura. Menino, quando a televisão era um artefato raro, poucos a possuíam em seus lares, tinha um fascínio pela sala escura dos cinemas, ali me sentava à espera do mundo de aventuras com o qual sonhava. Era capaz de assistir, aos domingos, à sessão "mercurinho" pela manhã, com seus desenhos animados, em seguida, às matinês do Cine Palace, onde exibiam um filme e um seriado; quando sobrava uns trocados, corria para pegar o horário do final da tarde. Minha mãe não via com bons olhos tal avidez, mas não chegava a colocar-se contra. Em Taubaté, em frente à minha casa, havia um Círculo Operário, seu edifício modesto partilhava uma zona da cidade que foi sendo aos poucos tomada por uma classe média mais abastada. Criadas para combater o socialismo e o comunismo, essas instituições, originárias da Itália, atuavam como propagadoras da fé católica e congregavam as pessoas em torno de atividades diversas: festas juninas, cinema, teatro infantil. Ofereciam ainda serviços para as camadas médias e populares, barbeiro, curso de datilografia (do qual não escapei por insistência de minha mãe), estenografia. A sala de projeção era precária, o palco funcionava como cinema e espaço de apresentações musicais e teatrais, a tela improvisada, o som ruim, os duros e longos bancos de madeira, semanalmente ali se apresentava uma filmografia saborosa: Rodolfo Valentino, Greta Garbo. Alguém poderia imaginar tratar-se de uma escolha sofisticada, erudita, gênero cineclube, mas ela resultava de uma intenção aleatória, optava-se pelos filmes dos anos 1930 e 1940 — algumas vezes as cópias sem som, por serem mais baratas. Eu era frequentador assíduo dessas sessões que dispensavam a censura existente nos cinemas das cidades; na sala do Círculo Operário dos Trabalhadores Industriais não havia discriminação entre crianças, jovens, adultos e velhos, éramos todos cobiçados pelo proselitismo religioso. Graças à sanha piedosa iniciei-me nessa filmografia em preto e branco que mais tarde fui reencontrar na *Cinemathèque du Palais du Chaillot.*

A mesma inclinação pelo cinema refletia-se nos livros. Lia muito e indiscriminadamente. Havia preferências, suspense e aventuras, uma literatura a gosto do público juvenil masculino: Maurice Leblanc, Conan Doyle, Ellery Queen, Victor Hugo, Rafael Sabatini. Eu passeava pelos romances com Arsène Lupin e Jean Valjean, eles estavam muito próximos de meus heróis cinematográficos, Errol Flyn e John Payne, um ator de segunda linha que povoou minha imaginação com filmes de faroeste. Minha sede pela leitura estendia-se aos gibis, às fotonovelas, à biblioteca para moças e aos romances compactados de *Seleções*. Fui um grande leitor de A. J. Cronin e Daphnée du Murier. Meu sentido de escolha era, no entanto, restrito; lia o que estava disponível. Quando nas férias viajava para casa de meus familiares em Ribeirão Preto, tinha à minha disposição uma pequena biblioteca que foi aos poucos sendo formada com as sobras de leitura de minhas tias, do tempo em que cursavam a escola normal. *Helena, O guarani, A moreninha*, desprezados pelos camaradas de ginásio, caíam em minhas mãos ao lado de outros, como *O retrato de Dorian Gray*. Minha voracidade de leitor, provavelmente uma estratégia para escapar ao meu entorno, não conseguia diferenciar os autores e os textos na poeira de letras que sobravam em meus olhos.

Volto a Bourdieu: ao estudar a cultura da classe média francesa, ele diz que uma de suas características é a "boa vontade cultural", ela absorve indiscriminadamente tudo o que lhe é proposto. Há, pois, um hiato entre conhecer e reconhecer. Na apropriação dos bens simbólicos, Charles Aznavour ou Ravel, *western* ou Fellini, Petula Clark ou Da Vinci, existe uma indiferenciação dos gostos, como se tudo fizesse parte de uma estratégia disparatada de escolhas. Entre estilos tão díspares paira uma continuidade morosa reduzindo as diferenças a um mínimo denominador comum. Minha ansiedade tinha algo assim, absorvia tudo no processo de digestão niveladora. Talvez por isso, durante anos, cultivei um certo gosto pelas enciclopédias. Quando menino, os caixeiros-viajantes paravam em frente ao portão de minha casa, batiam palmas, e minha mãe os fazia entrar até a sala. Compenetrada, ela me chamava e discutia com seriedade a propriedade de se comprar esses livros encadernados — ordeiramente arrumados nas estantes, eles davam a boa impressão de um tesouro impávido. Uma sensibilidade comum às famílias da vizinhança, o fascínio pelo conhecimento definitivo sobre o mundo. Fascinação-segurança, pois a qualquer momento as dúvidas podiam ser dirimidas com uma simples consulta ao tomo. Conservei o hábito de apreciar esse saber arrumado por vários anos. Quando a biblioteca da família se ampliou, um velho amigo de um de meus tios, médico e pesquisador da universidade, faleceu, deixando-lhe os livros como um legado, o leque de opções qualitativamente se aprimorou: Nietzsche, Schopenhauer, Voltaire. Entre eles, fui privilegiar a *História da filosofia*, de Bertrand Russell, que li inteira, e a *História da civilização*, de Will Durant, que em pouco tempo a devorei da Mesopotâmia ao mundo clássico europeu. Nunca me esqueço de que os primeiros livros que comprei em Paris pertenciam à coleção *Histoire de la philosophie*, de Émile Bréhier, sete volumes, da Antiguidade à filosofia moderna. Folheando hoje esses textos, marcados a lápis, à margem do papel, encontro nomes como João Escoto, Santo Anselmo, Anaxágora de Clazômenas, que pouco significaram para mim, são fragmentos perdidos na memória. Livros que foram lidos para não serem lembrados, como esses *best-sellers* dos quais esquecemos a trama quando mal acabamos de virar a última página.

CULTURA E POLÍTICA

Cheguei a São Paulo em dezembro de 1964, primeiro fui morar na casa de um de meus tios; alguns meses depois, mudei-me para um pequeno e velho apartamento que meu pai havia comprado na Praça Clóvis Bevilácqua. Uma tentativa frustrada de investimento, a região só tinha deteriorado ao longo dos anos; de qualquer maneira, ele nos foi providencial. Serviu para que eu, e mais tarde meu irmão, o habitássemos quando viemos estudar na capital. Apesar da mudança, os primeiros anos na cidade prolongaram minha trilha anterior. Uma incômoda sensação de atraso me perseguia, a escola agrária não tinha sido uma boa instituição preparatória para o vestibular. Gastei o ano de 1965 debruçado sobre as apostilas do cursinho, esforçando-me em recuperar o tempo perdido; o exame final tornou-se para mim uma obsessão, um pesadelo. Fiquei eufórico quando ingressei na faculdade. Os antropólogos, ao estudarem os mecanismos acionados pelas populações de migrantes nas grandes cidades, mostram como elas tendem a reproduzir, em outras condições de vida, o seu mundo anterior. Fiz o mesmo, incrustei meu passado interiorano nas malhas da capital, descobrindo os espaços onde ele pudesse vicejar. Meus amigos eram velhos conhecidos da infância, tinham vindo de Taubaté fazer cursinho e tentar a sorte numa universidade melhor, alguns deles moraram comigo; meu apartamento tinha dois quartos, até que meu irmão Jayme chegasse para ocupá-lo. Essa era uma forma de minorar os gastos, pois a exígua pensão que recebia era insuficiente para alcançar minhas despesas. Apesar de cultivar novos gostos, o teatro (Arena e Oficina), no início São Paulo era uma extensão dos antigos projetos familiares. Minha mãe faleceu em setembro de 1966 vítima de um câncer que se prolongou por vários meses, um golpe duro que simbolizou para mim uma ruptura.

De repente, vi-me cortado das relações familiares, distante, exposto à fragilidade de minha solidão. Comparado aos meus colegas, passei a desfrutar de uma liberdade invejável, minhas referências mais próximas haviam ruído. Sem a tutela dos parentes, vivendo uma crise existencial aguda, aos poucos percebi meu engano. Comecei a redimensionar minha rota, uma maturação lenta, prolongada, até minha decisão em abandonar os estudos de engenharia.

Os anos 1960 sedimentaram uma nova camada geológica na vida cultural brasileira. Roberto Schwartz costumava dizer que o entrelaçamento entre cultura e política, efervescência e criatividade, tinha deixado o país mais inteligente. *Vidas secas, Os fuzis, Deus e o diabo na terra do sol; Arena conta Zumbi, Tiradentes, Opinião, Brecht e o Oficina;* os festivais de música popular, o Tropicalismo. Realizações sofisticadas, elas se afastavam das orientações um tanto esquemáticas dos CPCs da UNE, dos movimentos de cultura popular ou dos *Cadernos do povo*, mas integravam em seu bojo o espírito de contestação. Momento em que os movimentos populares refluem, desmantelados pelo golpe militar, e a esfera da universidade torna-se um território privilegiado para se vivenciar a política. Não é difícil descrever sociologicamente essa época; vivê-la era mergulhar num turbilhão de experimentos. Como o lugar geográfico no qual transcorre nossas vidas é decisivo? O golpe de 1964 havia passado em branco para mim, era adolescente, encontrava-me em Pirassununga envolvido pelos afazeres da fazenda, o verde, o laticínio, o gado, nada ali prenunciava uma crise nacional. A queda de Goulart influenciava pouco o ritmo da natureza ou nossos hábitos de masculinidade exacerbada. O passo de nossas vidas não coincide com os grandes eventos históricos, muitas vezes, ele foge do seu alcance, passando ao largo de sua relevância. Minhas lembranças de 1964 reduzem-se a um batalhão de tanques e soldados concentrados na estrada, à saída da fazenda, à espera de ordens para marchar para o sul. Pirassununga abrigava uma base militar e a rebeldia dos insurgentes, liderados por Brizola, a tinha deixado de prontidão. Com São Paulo foi diferente, o espírito objetivo, diria Hegel, escolheu o meio estudantil para se alienar. Como escapar de sua manifestação se eu me encontrava topograficamente envolvido nas suas malhas?

Tomar partido, imperativo categórico para uma geração de jovens que vivenciou o circuito universitário. Nos festivais de música popular optar pela guitarra elétrica ou o violão, ser contra ou a favor do Tropicalismo, apreciar ou não a estética complexa e hermética do cinema novo. Direita ou esquerda, nação ou imperialismo, tradição ou emancipação, repressão ou liberação sexual, liberdade anunciada sem a promessa de sua realização. No Brasil, o radicalismo dos anos 1960 não possuía a marca marginal da contracultura, nem o ludismo de maio 1968, suas palavras de ordem reproduziam o discurso frugal das ideologias. A maconha, o LSD, o amor livre, encaixavam-se mal nesse ideário ascético, tampouco a crítica do poder, aos partidos políticos, era incentivada, pelo contrário, lutava-se pela criação de novos partidos, desde que, é claro, fossem revolucionários. A rigidez das concepções impedia a liberação dos costumes e a ética era envolta pela aura férrea da devoção à grande transformação. Recordo-me de um texto, diagnóstico de um tempo, no qual o autor exaltava a ação dos homens-horas-revolucionários, conscientes e alertas eles não se desviariam nunca de sua missão histórica. O mínimo desgaste deveria ser evitado, maximizando-se o potencial taylorista da função transformadora. Daí a condenação ao futebol, ao carnaval, ao espírito festivo das manifestações populares; expressões da consciência alienada, contrárias à autenticidade do ser, elas dispersavam a energia contestadora, apartando-a de sua meta final. Entretanto, havia uma clivagem entre dirigentes e dirigidos, discurso e história. A noção de política transgredia os limites estreitos definidos nos manifestos políticos, na teoria da revolução, nas assembleias estudantis, e revestia-se de um sentido mais amplo e polissêmico, da recusa ao conformismo familiar à rebeldia contra o regime militar. A despeito da vigilância revolucionária que desembocou na guerrilha urbana, do dissentimento em relação às tentações "pequeno-burguesas", da codificação da conduta correta, materializada em milhares de páginas, livros, jornais sindicais, revistas, panfletos rodados nos mimeógrafos, o fluxo da vida esquivava-se dessas injunções normativas. Minha iniciação intelectual começou por essa via, mas não um engajamento como liderança, minha atuação estava diluída na massa de jovens, passeatas e batalhas campais contra os gorilas. Preenchia com satisfação pequenas tarefas, distribuía folhetos, fiz parte do serviço de segurança da peça de teatro *Roda viva*, nos congressos estudantis atuei na recepção dos camaradas vindos de outros estados. Nada espetacular, uma atividade singela, contrastante, porém, com minhas raízes, abrindo-me um horizonte desconhecido e insuspeito.

Tomar partido. A frase continha uma forte inclinação antiburguesa. Na acepção restrita do termo, aplicava-se a uma determinada classe social: "o movimento estudantil, aliado ao proletariado e ao campesinato, contra a burguesia dominante". Palavra de ordem fácil de se enunciar, difícil de se sustentar teórica e politicamente. Havia, entretanto, uma dimensão subjetiva que a extravasava, pois uma existência podia ser também qualificada de burguesa: o pensamento conservador, a vida calma de nossos pais, o futuro ordenado à nossa frente. Uma descoberta explosiva, embora pouco original se eu conhecesse melhor o curso das ideias. Os surrealistas, ainda na década de 1920, haviam-na colocado em prática; anos mais tarde, seria a vez dos existencialistas se rebelarem. Não tínhamos lido *A náusea*, muito menos *O ser e o nada*; os filmes de Buñuel que conhecíamos eram *Tristana* e *Belle de jour*, jamais ouvíramos falar de *L'âge d'or*, mas partilhávamos esse sentimento vago e eficaz — o mundo burguês era poluído. Lembro-me, já em Paris, ao ler uma entrevista de Sartre, alguém lhe perguntara por que considerava os burgueses uns "porcos"; sua resposta foi direta e tautológica: *parce qu'ils sont des bourgeois*. "Rebelar-se contra...", a frase ficava no ar, sem objeto direto. Enquanto durou o movimento político, confiamos no seu conteúdo amorfo e indefinido, com o Ato Institucional nº 5, o avanço da repressão, as prisões, as cassações dos professores nas universidades, tornou-se evidente a fragilidade de nossas esperanças. Contudo, o sentimento de revolta permaneceu. Buñuel, em sua autobiografia, dizia que o surrealismo foi antes de mais nada uma ética antiburguesa, Sartre tinha uma visão semelhante. No entanto, ele acrescentava, entre a circunstância que nos envolve e o tempo indeterminado à nossa frente, uma alternativa se introduz: a escolha. Ela determinaria minha autenticidade ou minha inautenticidade. A ideia de projeto possui uma forte carga subjetiva, ela confere a mim, apenas a mim, a decisão última sobre minha liberdade. Sei hoje ser esta uma visão idealizada das coisas. Afinal, os existencialistas foram longe demais ao afirmar que o homem poderia ser livre na prisão. Sem contar os limites objetivos que encerra toda individualidade — condição de classe, educação familiar, sexo, renda, lugar de nascimento. Mas a ideia de projeto me seduzia; nela, de maneira oblíqua, encontrava os meios para jogar com o meu destino, ser o senhor de minha própria vida. Evidentemente, eu havia lido Sartre superficialmente, esqueci-me, ao escolher "a" liberdade, que por ela seria tragado e dela me tornaria escravo. A ética é uma imposição que nos aprisiona à eleição realizada. Quando percebi, minha revolta empurrou-me para o abismo, ao decidir abandonar a engenharia, optar pelas ciências sociais num momento em que as portas da universidade se fechavam, era invadida pelas forças policiais, tomei, talvez, a única decisão plausível. Comprei uma passagem de terceira classe num dos navios da linha C, companhia marítima italiana que atormentava minha imaginação. Cada vez que retornava dos almoços da casa de minha tia, próxima à Praça da República, caminhando pela avenida São Luís, detinha-me diante daquela agência de viagens. Minha mente divagava ao contemplar a imagem tosca e insólita, esculpida em papelão, do transatlântico enorme, imponente, fitando-me insistentemente através da vitrine. Um dia cruzei o umbral da porta e com a soma equivalente a um terço de um DKW, herança de minha mãe, que eu a havia guardado, comprei o bilhete de ida, não sem antes tomar as precauções para dificultar meu retorno. Ao abandonar a Escola Politécnica recusei-me a trancar a matrícula, fazer isso não teria sido uma atitude burguesa?

Os anos de 1968 e de 1969 foram um interregno. Embora continuasse cursando a Poli, meus interesses eram outros. Uma matéria sobre filosofia e evolução das ciências, ministrada no terceiro ano da escola, abriu-me novas perspectivas. Vilém Flusser, meu professor, tinha o carisma para mobilizar um pequeno círculo de neófitos, afastando-nos da rotina dos cálculos matemáticos. Foi assim que acabei no Instituto de Filosofia, numa pequena sala escura no centro da cidade, ao lado de meu apartamento, onde alguns cursos noturnos eram oferecidos. Permaneci pouco tempo. Eles me distanciavam do ambiente rarefeito da engenharia, porém, a tônica das aulas era demasiadamente tradicional, um tanto bachaleresca, além da tendência explícita em se eludir qualquer temática com a mínima conotação política. Terminei por afastar-me. Retomei minhas leituras erráticas, procurando, entretanto, selecioná-las melhor (Hegel, Marx, Sartre, Marcuse). Um autor de minha predileção foi Nietzsche. Não sabia que sua releitura estava na moda entre alguns filósofos franceses, muito menos me atraía um tema como "a morte do homem", valorizado por uma perspectiva anti-humanista e crítica do Iluminismo. Mas, logo ao chegar a Paris, não resisti em ler com atenção, quase um respeito religioso, um pequeno livro escrito por Deleuze. Didática e cuidadosamente, ele nos ensinava como escapar das interpretações equívocas que Nietzsche havia conhecido na França. Preocupado com uma eventual desatenção do leitor, desviando-se da "correta" compreensão das coisas, ele apresentava de maneira direta e concisa um "dicionário dos principais personagens" do autor. Na verdade, minha paixão nietzschiana tinha muito de subjetiva; ela encontrava abrigo nos aforismos sobre a inquietude do homem solitário e sua revolta contra o conformismo e o ressentimento. Quando li *Zaratrusta* pela primeira vez — guardo ainda uma velha cópia da edição portuguesa que adquiri num sebo —, fiquei fascinado com o capítulo "Das três transformações". Mas não era a passagem da transformação do leão em criança que eu retinha, do saber tornando-se mais leve para constituir-se em sabedoria, minhas páginas prediletas contavam como o camelo transmutava-se em leão, e o Eu, deixando-se de submeter-se às forças externas que o oprimiam, caminhava do "Tu deves" para o "Eu quero". Leitura subjetiva, que articulava minhas inquietações com o mundo objetivo desfazendo-se lá fora.

Sob o signo de maio de 1968

A escolha de Paris foi relativamente arbitrária. Tentei primeiro o consulado inglês, mas percebi que, sem dinheiro, era impossível estudar na Inglaterra. Cheguei a buscar informações no lado alemão (no início da Poli fiz uma tímida tentativa para aprender o idioma), mas desisti diante das dificuldades. A França oferecia-me algumas vantagens. Sem maiores delongas eles reconheciam meu diploma de estudos agrários como equivalente ao *baccalauréat*, a universidade era gratuita e o visto de permanência no país podia ser obtido com certa agilidade. No ano anterior à minha partida, juntamente com um grupo de amigos, tinha iniciado um pequeno curso de francês com *Oncle* Jô, tio de um dos colegas de turma. Como havia descartado os Estados Unidos, a cabeça do tigre de papel, este parecia ser o caminho natural a seguir. Parti com uma mala, uma máquina de escrever portátil — ela me foi útil — e o violão. No meu passaporte, o carimbo da Divisão de Polícia Marítima diz que embarquei em Santos no dia 7 de março de 1970, desci na cidade de Vigo duas semanas depois. Completava 23 anos. No navio conheci um aspirante a jogador de futebol que arriscava sua sorte na Espanha, descendente de imigrantes, seu pai tinha sido goleiro do Vasco nos idos de 1950; ele saíra do time juvenil. Arranjou-me alojamento na casa de sua avó em Madri, passei ali alguns dias e logo cruzei a fronteira em Irum. O trem deixou-me na *Gare d'Austerlitz*. Não conhecia ninguém, minha única referência era o endereço de um alojamento coletivo no *XIIIe arrondissement* que um amigo das ciências sociais tinha me passado. Estava lotado. Mas, numa sala improvisada ao lado, exibiam *Hiroshima mon amour*, resolvi assistir ao filme. Só fui conseguir pernoite num velho albergue em Pigalle, onde me alojei no terceiro andar de uma cama beliche.

Os primeiros anos que passei na cidade foram extenuantes. Minha situação financeira oscilava entre a escassez e a penúria. Os 770 dólares que levei comigo (em meu passaporte, o carimbo do Banco do Brasil atesta que viajei com essa quantia) duraram pouco. Ao longo dos dois primeiros anos, recebia de forma irregular parte da pequena pensão de minha mãe, com a chegada de Paula, quatro meses depois da minha, tivemos de dimensionar os gastos para dois. Isso levou-me a integrar o lumpemproletariado francês, empregos ocasionais, sem carteira de trabalho, mal remunerado. Trabalhei numa fábrica de escovas de dente, fui pintor de parede, garçom de café, *concierge*, *baby-sitter*, colhedor de uvas nos campos da Champagne. Ocupações de imigrante. Quando conheci Fernando Perrone, ex-deputado, exilado, as coisas melhoraram um pouco. Ele ofereceu-me um emprego como pesquisador — estava realizando seu doutorado sobre "A imagem do Chile na imprensa francesa"; minha tarefa, vasculhar os jornais por alguns francos a hora: *Le Monde*, *L'Humanité*, *Le Figaro*. Trabalho conveniente, dava-me folga suficiente para continuar estudando. A situação de instabilidade levava-me a procurar as moradias mais baratas possíveis, restringindo a escolha aos *chambres de bonne*, sétimo andar, sem elevador, sem banho, w.c. coletivo, no corredor. Mudava frequentemente de quarto devido aos problemas financeiros. Em poucos anos passeei pela cartografia da cidade. Morei perto do Palais de Chaillot, onde frequentei assiduamente a cinemateca, mudei-me para a Daniel Lessueur, popular escritor de folhetins do final do XIX, estive ao lado do General Gambetta, no XXe, e com Royer Collard, nessa pequena rua sem saída, onde fui *concierge*, perto da estação de Luxemburgo. Paris hospedava-me mal, mas acariciava-me com a poeira de sua história.

Primeiro de maio. Fui assistir às comemorações na praça da Bastilha. Lembrei-me das críticas de Marx aos princípios burgueses, liberdade, igualdade, fraternidade; naquele momento elas me pareceram impróprias. Recém-chegado do Brasil, o contraste com a repressão policial e o autoritarismo da ditadura era visível; nunca tinha visto tantas foices e martelos tremulando no ar. Foi então que percebi haver algo de errado, demorei a entender o que os seguranças das centrais sindicais e do Partido Comunista diziam. *C'est pas nous... c'est pas nous.* A manifestação não tinha ainda terminado, mas entre a última coluna de sindicalistas e o grupo de manifestantes que se encontrava atrás, havia um enorme clarão. Um fosso os separava. Aos poucos comecei a me dar conta das coisas, quem estava distante, lá no fundo, "não eram eles", mas os *gauchistas*. De repente, a praça foi tomada pelos soldados armados de cassetetes, capacetes, escudos transparentes e translúcidos, eles provocaram o pânico, a multidão correu assustada. Encostei-me na parede de um edifício esperando pelo desenlace. Um silêncio pesado se impôs, longo, denso, palpável, em uníssono, aos gritos de "Mao... Mao... Mao", um punhado de jovens ousou adentrar pela praça. Eles marchavam ritmadamente levantando os punhos cerrados em torno do livro vermelho, uma cena cinematográfica, e pegou a polícia de surpresa. Foram os únicos a passar. O emblema histórico da Revolução Francesa ficou coberto de gás lacrimogênio, uma nuvem de azul ácido que eu conhecia das ruas de São Paulo.

O *gauchismo* não era simplesmente uma doença infantil do comunismo, mas todo um modo de vida. Maio de 1968 havia abalado os alicerces sociais, toda uma geração preparada para ingressar no mercado de trabalho e assumir suas responsabilidades na sociedade de abundância, insurgia-se contra a ordem estabelecida. Nada prenunciava a eclosão dessa efervescência agressiva e contundente. O rosto público do jovem tipo ideal, esculpido e reiterado nas pesquisas de opinião, o retratava de maneira tranquila e ordeira: "gostaria de se casar cedo", "não ter filhos por não dispor de meios para educá-los", "seu principal objetivo: a realização profissional", "tinha interesse pelos problemas sociais mas nenhuma intenção em ingressar na vida política". Os indícios apontavam para a iminência de um futuro róseo e pacato, sem sobressaltos. O movimento, ao eclodir, na sua intensidade, foi uma surpresa: o confronto com as autoridades universitárias, a retórica revolucionária, o sentimento de solidariedade da parte dos intelectuais e artistas, a ocupação das ruas e dos edifícios, as barricadas e as pelejas com os policiais, a greve geral, a ilusão de uma união duradoura entre estudantes e trabalhadores (prescindindo da mediação dos sindicatos e dos partidos políticos). Diante da magnitude do evento, a sensação de estarrecimento era absoluta. Ainda hoje, ao lermos as crônicas da época, percebe-se a estupefação dos intérpretes — ela exprimia o abismo entre o abalo sísmico da realidade e a placidez das estruturas sociais, silenciosas a respeito da fragilidade de suas camadas tectônicas. Maio de 1968 constituiu um *événément* (tema discutido à exaustão pelos sociólogos e historiadores), uma crise cuja erupção não podia ser compreendida pelos motivos que a antecediam, muito menos pela marcha progressiva da luta de classes. O "acontecimento" irrompe na cena histórica como algo acidental, é radicalmente novo, escapa às regularidades conhecidas; ele introduz uma brecha, uma fissura entre o passado e o imediatismo da atualidade. Nesse sentido, ele encerra uma crítica poderosa em relação à noção de progresso. A herança iluminista havia construído a arquitetura da história de uma forma tal que a evolução, passagem da barbárie à civilização (ocidental), era a condição inexorável do destino da Humanidade (com maiúscula). Pressupunha-se, assim, uma temporalidade unilinear e um espaço homogêneo e universal, envolvendo o conjunto das sociedades passadas e presentes. Tanto em Condorcet, que concebia o progresso como algo ilimitado, expandindo-se para todo o "gênero humano", como nas concepções mais operacionais dos partidos comunistas (discutia-se sobre a existência das etapas para se atingir o socialismo), predominava a ideia de que as fases históricas encadeavam-se dentro de uma ordem sequencial e contínua. O advento do incidental, do imprevisível, implicava uma ruptura, a impossibilidade de ordenar a história segundo uma escala progressiva na qual a "negação da negação" (para falarmos como Hegel) equivalia à superação do momento anterior. Dentro dessa perspectiva, o passado deixava de ser anacrônico, defasado, e o futuro transformava-se num ponto de interrogação. Mas a noção de "acontecimento" ajustava-se mal à ideia de utopia, no sentido clássico do termo. Toda utopia é a projeção de uma imagem, um ideal (socialismo utópico) ou um programa de ação (a revolução bolchevique), cuja tentação é descrever, às vezes em detalhes, os tempos vindouros. A ilha de Thomas Morus é minuciosamente apresentada ao leitor em suas qualidades particulares: é composta de 54 cidades, belas, idênticas pela língua e os costumes; o campo é bem repartido entre elas; o trabalho pesado na lavoura é feito pelos animais; não há propriedade privada; os homens e as mulheres aprendem os mesmos ofícios; não se fabricam coisas inúteis. Tem-se uma visão clara, precisa, do que se quer alcançar. Este é o espelho no qual se reflete o retrato adulterado do presente, ele é a sua negação. 1968 nada tem de programático ou de programado, os eventos seguem uma linha aleatória, desafiam qualquer trajeto unificador. Acontecem à medida que as ações se desenrolam. Ele encerra, talvez, um espírito utópico, mas em nada se assemelha à configuração de uma ordem alternativa, cuidadosamente montada pela imaginação ou pela ciência (como pretendia o socialismo científico). A rebeldia de 1968 não possui objeto direto, é intransitiva, e nos diz que qualquer ordem social, malgrado sua solidez, nunca é imutável. Nas suas frestas insinuam-se as inconsistências, janela aberta para o indeterminado.

Esta é, porém, sua virtude, a revolta traduz o mal-estar subjacente às contradições sufocadas de uma sociedade segura de si mesma. Havia algo de novo nisso tudo. *C'est pas nous... c'est pas nous*, as palavras demarcavam claramente o território de uma identidade, elas separavam a efervescência estudantil dos meios sindicais e partidários. Não se tratava propriamente de uma disputa ideológica, a recusa era mais profunda, atingia a forma através da qual a política materializava-se na vida. A crítica incidia sobre uma plêiade de "costumes": a Igreja, o marxismo ortodoxo, o Partido Comunista, o Estado liberal, a família. Essas instâncias, díspares entre si, eram agrupadas sob uma mesma denominação: a tradição. Entretanto, contrariamente ao debate clássico da modernidade, ela já não mais recobria o que se encontrava ausente do mundo industrial (o rural, a comunidade, a memória coletiva, o artesanal). Questionava-se a tradição dessa modernidade. Não porque ela teria se realizado de maneira perversa, como pensava Adorno, mas simplesmente, ao se banalizar, havia incorporado em si um elemento conservador. Se a noção de progresso se ajustava mal à perspectiva dos acontecimentos, também a ideia da modernidade como "projeto" era inadequada para apreendê-los. A morada da Razão não podia abrigar a incontinência do indeterminado. Foi esta visão radicalizada das coisas (em seus acertos e equívocos) que permitiu pensar a política de uma outra maneira. Uma dimensão que se encontrava fora do seu quadro habitual, de sua jurisdição, passa a integrar as relações de poder. *Métro, boulot, dodo.* * O aforismo estampado nas paredes das universidades condensava uma outra cosmovisão. Se na teoria marxista a classe operária ainda era percebida como universal e revolucionária, para os estudantes franceses ela tinha "se aburguesado". Mas sua domesticação não provinha da alienação do trabalho ou da assimilação ideológica, toda uma forma de viver comprometia o seu destino histórico. Trabalhar, consumir, retornar ao lar, acordar. O ciclo infernal reproduzia-se no cotidiano. A crítica deslocava-se do plano das instituições para a cultura, por isso era necessário a busca de formas alternativas de vida, de estar no mundo. Ao se tensionar a esfera do dia a dia,

---

* Metrô, trabalho e cama.

transgrediam-se os lugares triviais da política, o cabelo comprido, o haxixe, a liberdade sexual, o feminismo, a luta contra a injustiça, eram faces da mesma moeda. As fronteiras nas quais ela estava contida foram dilatadas. Os grafites nos muros revelam bem esta faceta inusitada: "a imaginação no poder", "proibido proibir", "pais contem seus sonhos a seus filhos". Maio de 1968 foi uma profusão de símbolos, neles contestação e prazer se confundiam. É certo que os símbolos sempre foram utilizados nas mais diversas ocasiões. As bandeiras, os uniformes, os ícones, denotavam o pertencimento partidário ou a coloração das ideologias ou das crenças. No entanto, eles eram exteriores à política, referiam-se à sua natureza mas lhes eram estranhos. Tem-se agora uma prática cuja conotação a simboliza, como se a cultura fosse uma dimensão interna ao ato contestatório.

Uma explosão unindo a objetividade da luta à subjetividade das paixões. Maio de 1968 foi a afirmação da individualidade face à imposição do universalismo das normas. O indivíduo era o seu demiurgo, não a classe, a profissão ou o grupo. Nesse aspecto, há um paralelo com a filosofia existencialista, nela, também a individualidade é o elemento central. Não obstante, o destino a ser conquistado encontrava-se isolado de qualquer expressão coletiva, seu fundamento alicerçava-se exclusivamente na potencialidade do Eu. A transgressão estudantil, e creio, este é termo mais adequado para descrevê-la, estabelecia uma ponte entre o indivíduo e o todo, a volição e a rebelião coletiva. O ato inicial da revolta era pessoal, entretanto, para além de sua singularidade, uma força impessoal o impelia. As diferenças e as idiossincrasias partilhavam as mesmas afinidades eletivas. Curioso, na sua aparência, a expressão afinidade eletiva algumas vezes nos induz ao erro. Ela nos dá a falsa impressão de que a dimensão da eleição prevalece sobre a afinidade, tornando-a fruto de uma escolha individual. Lida assim, o sujeito, na sua independência, seria o senhor de sua própria vontade. Contudo, quando Goethe a utiliza como título de um de seus livros, sua intenção é outra, os personagens, encerrados numa pequena propriedade fora da cidade, isolados do mundo, experimentam uma situação na qual a razão é suplantada por forças incontroláveis. Eles se perdem, desviam-se de suas rotas e planos originais, os subentendidos os envolvem e os impelem numa direção imprevisível. Arrastados pela torrente dos fatos, suas subjetividades transformam-se e se moldam à revelia de suas convicções. Afinidade eletiva era um termo da Química pré-moderna que descrevia o movimento e a atração das partículas de substâncias diversas e contraditórias. Malgrado suas disparidades e incompatibilidades, convergiam num mesmo sentido.

Haveria, pois, uma homologia entre o nível individual e o coletivo, as transformações de uma dessas duas dimensões necessariamente repercutiriam sobre a outra. Não bastava pertencer a um partido político ou ser militante de uma causa, era preciso "mudar a vida" sem o que respiraríamos uma ideologia desvinculada da subjetividade. O novo deveria ser uma experiência radical, criativa, inscrita no corpo dos participantes. *Sous le pavé, la plage.** Os paralelepípedos das ruas podiam ser utilizados como armas contra a polícia, mas debaixo deles jazia a areia da praia, lugar de repouso, onde bronzear o corpo. A "revolução" devia ser por inteiro, atingindo o âmago das pessoas, o seu íntimo. Política, festa e cultura dissolviam-se numa solução colorida. Nunca esquecerei a beleza da cena que presenciei no Jardim de Luxemburgo. Eu vivia ao lado e fui retirado de minha concentração nos estudos por uma imensa algazarra. Eram os estudantes de Belas-Artes, eles formavam um cortejo alegre subindo o *boulevard* Saint-Michel. Cantavam e gritavam palavras de

---

* Sob os paralelepípedos, a praia.

ordem, sendo acompanhados pelo som estridente de uma fanfarra. Logo na entrada do jardim, havia aquelas placas secas e ríspidas, sinalizando a contenção da conduta, o controle ressentido como insuportável: *il est interdit de marcher sur le gazon*.** A multidão, a despeito do aparato policial invadiu o gramado, foi quando todos se despiram e se atiraram na fonte. O dia estava claro, azul e ensolarado, eu me sentei na relva para admirar o contraste entre os pingos-d'água, a luz, e o reflexo nos corpos nus dos manifestantes. Dificilmente eu escaparia dessa gravitação envolvente, em Paris, o início dos anos 1970 vieram marcados pelo signo de maio, mês mágico, profético, ele definia o ascendente do mapa astral de toda uma geração. Eu acabava de chegar do Brasil e como os que "amaram tanto a revolução", minha vivência anterior compartilhava alguns traços com a revolta estudantil. Como não me identificar com essa dimensão contrária à estupidez das instituições e o devaneio de um mundo igualitário? Ao optar por Vincennes, o negativo da velha e comportada Sorbonne, acabei privilegiando uma experiência de vida.

Não obstante, minha atração pelo universo do *gauchismo* sempre foi reservada, algo me prevenia con-

---

** É proibido pisar na grama.

tra o seu estalido. Procurando reavivar as lembranças, recorri à leitura de um belo livro, *Génération: les années de poudre,* no qual dois jornalistas reuniram o testemunho dos que participaram desta época. Uma citação um tanto bíblica, de Jean Daniel, chamou-me a atenção, ela referia-se ao *gauchismo*: "Ele é como o sal do qual fala a Escritura, e seu desaparecimento conduziria a um inferno de farisaísmo e de imobilidade. Mas ele é também, ao mesmo tempo, anárquico e irresponsável, seu destino não é a responsabilidade, mas a mudança. Não o devir, mas a recusa. Composta exclusivamente de *gauchistas* uma sociedade é conduzida à histeria. Privada de *gauchistas* uma sociedade é conduzida à asfixia". Histeria e asfixia, há entre essas figuras antagônicas uma tensão criativa, contradição que nos empurrava para a margem, o caminhar sobre o fio da navalha. Equilíbrio precário, instável, muitas vezes rompido pela viagem sem retorno de ácido lisérgico, ou a ação violenta dos grupúsculos ideológicos. Buñuel captou bem esse dilema em seu filme *O obscuro objeto do desejo.* Seu personagem principal é um homem irrequieto e insatisfeito que não consegue realizar-se sexualmente, todas suas investidas amorosas são interrompidas antes da consumação do prazer. Nas suas perambulações ele erra como se estivesse à deriva, desorientado, o acompanham frequentemente cenas de violência gratuitas. Elas surgem do nada, aparentemente desligadas da narrativa em curso, eclodem aqui e ali, frutos de uma aparição caótica. O segredo do estranho objeto do desejo é o próprio desejo, quando não se sacia sua sina é repetir-se reproduzindo-se indefinidamente. De seu ciclo infindável nos tornamos prisioneiros.

Vincennes era produto das "barricadas do desejo", foi construída em tempo recorde pelas autoridades governamentais e começou a funcionar em janeiro de 1969, um ano antes de minha chegada. Concebida dentro de um projeto multidisciplinar, concentrava os estudantes de esquerda e atraiu figuras importantes da intelectualidade francesa — Foucault, Lyotard, Guatari, Deleuze. O currículo era experimental, não havia cursos estanques isolados uns dos outros e as matérias não eram obrigatórias, cabia ao estudante eleger as linhas temáticas que lhe interessassem e assim compor sua formação acadêmica. Um aluno de Sociologia podia montar até um terço de seu curso com disciplinas variadas, inglês, literatura, filosofia, linguística. Predominava a experimentação e a liberdade de escolha. Mas havia algo de inquietante nessa instituição feérica, ela ficava no bosque, moradia das prostitutas, com as quais cruzávamos pela manhã, elas voltando da labuta, nós chegando à escola. Sem mencionar que a pausa das aulas era pontilhada pelo som metálico das rajadas de metralhadora, pois os edifícios, de má qualidade, situavam-se nos fundos de um terreno militar dedicado ao treinamento dos soldados. Havia uma dimensão de festa em Vincennes, feira popular, bazar de cores e luzes contrastantes, Hegel, Marx, Mao, haxixe, livros roubados da Maspero, comidas, artesanato hippie, roupas andinas, discos usados. Um ambiente descontraído e sedutor, mescla de utopia política e Woodstock, tinha-se a sensação de que ali tudo era possível. Havia uma dimensão histriônica em Vincennes, histeria que se manifestava nos grafites das paredes, a sujeira espalhada pelo chão, os panfletos como uma relva recobrindo o assoalho das faculdades, ou nos banheiros, onde as portas tinham sido arrancadas para se acabar com a "privacidade burguesa". Dentro desse espaço criado para experimentar um novo tipo de educação, uma relação alternativa com o conhecimento, convivia uma tendência de desprezo pelo trabalho intelectual. Ela possuía raízes na revolta dos estudantes secundários quando se rebelaram contra a rigidez do "liceu caserna" convulsionando o *Louis Le Grand,* símbolo da tradição francesa, porta de acesso para a *École Normale Supérieure.* Impregnava ainda os escritos estampados nos muros: *"feu sur l'intellectuel bourgeois"*, diziam os maoístas, pois acreditavam que a destruição da universidade enfraqueceria o poder hegemônico. O saber nada mais seria do que uma representação disforme, o elo mais fraco da dominação de uma cadeia a ser destroçada.

Os movimentos juvenis dos anos 1960 encerravam uma dose razoável de anti-intelectualismo, a contracultura norte-americana, os *hippies*, os estudantes alemães e franceses, mantinham uma distância pouco discreta em relação ao pensamento, dimensão considerada infrutífera e estéril. A arte da reflexão vinha marcada pelo signo da suspeita, diletantismo inócuo seccionado da vida e da verdadeira emoção. Cultivá-la redundaria na mutilação da experiência, sublimada na sua elaboração discursiva. Adorno não hesitou em condenar tal atitude assimilando-a ao retorno do irracionalismo; ao desprezar a reflexão e privilegiar o agir, o espírito contestatório mergulharia numa caótica torrente irracional. Sua visão amarga e mal-humorada escondia o tradicionalismo de um mandarim e reduzia a atividade política à regressão do Espírito (com maiúscula), como se o fazer e o agir, ontologicamente, constituíssem a antípoda ao pensar. Toda ação, a despeito de seu objetivo e conteúdo, expressaria a inconsistência do irracional, da ausência de sentido, contribuindo apenas para o reforço da lógica capitalista. Marcuse, que nos visitou, possuía um entendimento mais generoso das coisas, sem se afastar da tradição crítica, percebia a virtualidade contestadora dos movimentos existentes. De qualquer forma, em Vincennes, a tensão entre teoria e prática, pensar e agir, muitas vezes se rompia, derivando para um pragmatismo insensato. Os maoístas levaram ao extremo essa desconfiança, inspirados no modelo chinês, despacharam seus quadros dirigentes, alguns deles oriundos das *grandes écoles*, para as usinas Renault. Eles se inspiravam no modelo da Revolução Cultural e ela havia proscrito os intelectuais e os artistas da vida pública, enviando-os ao campo para se reeducarem. Purificar a mente e o corpo, a pedagogia revolucionária prescrevia o convívio forçado com o proletariado francês. Nos cursos o descrédito em relação ao aprendizado era recorrente, a cada aula Chatêlet tinha de alinhavar cuidadosamente os seus argumentos explicando a importância de se ler Hegel, um intelectual burguês. Entre os professores de renome e a massa de estudantes reinava uma incompreensão surda, Deleuze tinha dificuldade em ministrar suas aulas, era seguidamente interrompido, e Foucault retirou-se logo no início dos trabalhos universitários, trocando os ideais da revolta pelo conforto do *Collège de France*. Eu trilhava cauteloso essa linha de giz, tentando a qualquer custo manter o prumo. Seduzido pela efervescência, reticente quanto à histeria reinante, em certa medida, incompreensível para mim, pois havia literalmente cruzado o Atlântico para aventurar-me no seu desencontro.

De alguma maneira, essa atmosfera intelectual deixou em mim suas marcas. Cedo, fui atraído pela questão do poder, no entanto, enveredei-me por um caminho diverso dos cientistas políticos. Meu interesse não era tanto pelas instituições e as organizações, mas como as relações de dominação simbolicamente se expressavam no cotidiano. Tradicionalmente as Ciências Sociais identificaram a problemática do poder à política. Há exceções que confirmam a regra, entretanto, a tendência mais genérica no pensamento sociológico foi considerá-la como uma dimensão preferencial. Estado, governo, partidos, sindicatos, movimentos sociais, transformaram-se em objetos centrais de análise. A cultura ficava um tanto à margem disso tudo. A própria tradição vigente contribuiu para esse distanciamento, na concepção erudita os termos "cultos" e "cultivado" sempre estiveram associados à superioridade e à beleza da Arte. E sabemos, o pensamento romântico a ela atribuía a qualidade do inefável. Pintura, literatura, poesia, teatro, música clássica constituíam o sublime universo das entidades espirituais. Essa incomensurabilidade entre mundos tão díspares exprime-se de maneira exemplar na dicotomia *kultur*/civilização elaborada pelo pensamento alemão. À esfera da *kultur* pertenceriam as obras do Espírito, contrapostas à vil materialidade da "civilização", fruto do industrialismo e da concepção medíocre do homem burguês. É bem verdade que o caso era distinto na América Latina. Este antagonismo irreconciliável, visto como universal pela tentação eurocêntrica, nunca existiu realmente. Aí, o debate cultural, particularmente no Brasil dos anos 1950 e 1960, fazia--se estreitamente vinculado à política, mas é importante dimensionar as coisas para não cairmos em mal-entendidos. O dilema da identidade nacional levou a intelectualidade latino-americana a compreender o universo cultural (cultura nacional, popular, imperialismo e colonialismo) como algo intrinsecamente vinculado às questões políticas. Discutir cultura era debater o destino do país, identidade que encerrava os dilemas e as esperanças relativas à construção nacional. No entanto, tal aproximação não era o equivalente a se pensar a cultura como lugar de poder. Há uma diferença entre política e político, entendendo este último aspecto como algo imanente ao social. Nesse sentido, nem tudo o que é político atualiza-se enquanto política, ou seja, é passível de compreensão no âmbito exclusivo da ideologia ou das disputas partidárias. Na América Latina as contradições existentes no seio das manifestações culturais eram imediatamente traduzidas em propostas encampadas pelas instituições: governo, partidos, sindicatos. Por isso o debate em voga nos anos 1950 e 1960 girava em torno da ideia de conscientização. Era necessário atuar sobre a mente das pessoas, desaliená-las de sua prisão temporária. Quando Glauber Rocha escreveu o manifesto "A estética da fome" esse era o ponto central de sua argumentação. Ao defender um tipo de produção cinematográfica autoral, calcada na precariedade da técnica, exibindo nas telas a miserabilidade do Terceiro Mundo, ele tinha o intuito de chocar o espectador, provocando-lhe uma sensação de estranhamento. Dela, de seu descentramento incômodo, provocado pela defasagem entre as imagens projetadas e sua "má consciência", nasceria uma atitude emancipatória. Ora, os lugares de poder são justamente a expressão do "inconsciente" e a produção da sociedade passa por sua compreensão. Há, pois, um deslocamento do plano da superfície para o subterrâneo, do explícito para o implícito. A problemática anterior ancorava-se na ideia de que a consciência era a sede principal da ação, esclarecê-la seria a maneira de se caminhar na direção correta (daí a ênfase na ideia de escolha entre os existencialistas, ou para os marxistas, a importância de um conceito como a consciência de classe). Pensar em termos de "inconsciente" implicava em reconhecer elementos de poder que não se encontravam manifestados na aparência das coisas. Essas questões estavam no ar na França dos anos 1960, mas temos às vezes a tendência em atribuí-las à genialidade de alguns poucos autores (o conceito de *habitus* em Bourdieu e Passeron; de *épistemé* em Foucault: estrutura de pensamento própria à uma época histórica e inconsciente daqueles que a partilhavam). Lendo o passado sob a ótica exclusiva das ideias, terminamos às vezes por separá-las do solo no qual germinaram. Tenho claro que a inspiração de minha tese de doutorado tem uma dívida com Vincennes. Não foram as raízes africanas do culto umbandista, objeto privilegiado por vários pesquisadores, que me seduziram, tampouco um romantismo desfocado que transforma as classes populares no espelho da alteridade. Minha inquietação era outra. Quando encontrei Bastide, essas questões encontravam-se maduras para mim e chocavam-se inclusive com sua antiga interpretação do culto umbandista (o que não o impediu de aceitar-me sob sua orientação).

Outro aspecto refere-se ao marxismo. A estadia em Vincennes afastou-me do materialismo ortodoxo, mas impediu-me também de derivar para uma posição antimarxista tão a gosto dos anos 1980. A proposta lukacsiana e sua pretensão ser a única interpretação correta do social (há muito de arrogância em tratar a Sociologia como a "expressão irracional da filosofia burguesa reacionária") era inteiramente incongruente com o espírito crítico. Nunca compartilhei esse ideal que, aberta ou insidiosamente, insistia na separação entre uma ciência verdadeira e outra degradada, falsa, qualificada de burguesa. Nele havia algo de religioso, atribuindo ao sagrado o caminho da redenção e ao profano a danação eterna. Talvez minhas leituras de Nietzsche, e sua aversão à noção de verdade, tenham contribuído para afastar-me desse horizonte dogmático cujas formulações tinham muito de ideologia e pouco de discernimento (achava insuportável alguém encerrar uma discussão dizendo: *c'est pas du vrai marxisme*). Existiam ainda outros motivos que contribuíram para esse afastamento, o herdeiro natural do materialismo histórico era o Partido Comunista, alvo predileto dos *gauchistas*. Não era apenas a existência do estalinismo, eufemisticamente denominado de socialismo real, que nos incomodava; quanto a isso não havia discordância, o autoritarismo nos parecia intragável e ultrapassado. Mas também o fato de tratar-se de um partido tradicional cuja compreensão da política fazia-se nos mesmos moldes dos outros. Entretanto, ao respirar o ar dessa atmosfera repleta de contradições, o marxismo tornou-se para mim um interlocutor legítimo, uma referência viva no diálogo das Ciências Sociais.

Imagino que as coisas tivessem se passado de outra maneira caso chegasse a Paris no fim do século XIX, ou mesmo alguns anos antes da Segunda Guerra Mundial. Topograficamente o Espírito objetivo teria me deslocado para outras preferências intelectuais. Comparada à Alemanha ou à Itália, a penetração do marxismo na França, e posteriormente nas universidades, é um acontecimento tardio. Até o início do século XX, Marx era quase um desconhecido e antes de 1914 poucas das suas obras tinham sido traduzidas. O marxismo era desprezado até mesmo no interior do movimento operário. Jules Guedes, seu porta-voz no partido social democrata, era um intelectual pálido com pouca densidade reflexiva e baixo reconhecimento no movimento de massas. As figuras de proa, penso em Jean Jaurès, antigo *normalien,* opunham-se fortemente aos fundamentos do materialismo histórico. Na história do pensamento marxista francês não há nenhum nome da envergadura de Kautsky ou Labriola. Não é, pois, surpreendente que em seus escritos Durkheim praticamente o ignore, seu curso sobre o socialismo reduz-se aos ensinamentos de Proudhon e as poucas referências que existem em relação a Marx são bastante superficiais. Comentando um livro de Marianne Weber sobre o tema da família, algo que o atraía devido a seu interesse pelas relações de parentesco entre os aborígenes australianos, o que mais estranha é o zelo excessivo dela dialogar com Engels, para ele, um autor sem real valor científico. Sua indisposição nada tinha de singular, pelo contrário, ela traduzia um consenso amplamente partilhado pela intelectualidade. Pode-se dizer que a debilidade teórica do marxismo na França deva-se, em parte, ao ambiente republicano do final do século. A Terceira República, após 1870, promoveu o ensino público e laico, estimulou a igualdade política e o espírito de cidadania, sufocados ao longo do século XIX pela Restauração, a reação ao levante de 1848 e o advento do Segundo Império, auge do capitalismo moderno. Os franceses tinham ainda feito uma grande insurreição um século antes, e possuíam uma tradição revolucionária autóctone que se refletia junto ao movimento socialista e à burguesia radical.

Apenas na década de 1930 uma relativa mudança desse quadro se esboça, o Partido Comunista, porta-voz da revolução soviética, ganha terreno entre os operários e setores das classes médias. Uma aproximação entre intelectuais e marxistas delineia-se. Primeiro, com os surrealistas, seduzidos pela ideia de ruptura revolucionária e ruptura artística, em seguida, com a Frente Popular de 1936, na sua oposição ao fascismo. Surge nesses anos um grupo talentoso de jovens intelectuais comunistas, Paul Nizan, Henri Lefebvre, Georges Politzer, George Friedmann, que praticamente iniciam críticas e trabalhos dentro de uma outra perspectiva teórica. Entretanto, tal tendência encontrava-se à margem da universidade na qual predominava o pensamento de Bergson e a tradição durkheimiana. É no pós-guerra que Marx adquire direito de cidadania na academia francesa, sua introdução se faz via Hegel, através dos cursos de Hyppolite e Kojève. Nesse momento, são traduzidas as principais obras do pensamento hegeliano, *A fenomenologia do espírito*, assim como os textos do jovem Marx, *A ideologia alemã* e *Os manuscritos filosóficos,* ambos publicados em 1937. É sintomático que no final dos anos 1940, Georges Gurvitch, que reinava incontesto na cátedra de Sociologia da Sorbonne, queixa-se da nova moda em voga: a invasão do

materialismo histórico. A Sociologia francesa tinha até
então se desenvolvido ao abrigo de sua influência, des-
considerando-o no processo de sua constituição. O panorama se altera nos anos 1950. No campo da Filosofia, Merleau-Ponty e Sartre lançam uma ponte entre
o existencialismo e o marxismo, *Questions de la méthode*
e *Critique de la raison dialectique* são escritos nesse período. Nas Ciências Sociais, Lucien Goldman introduz
Lukács ao público universitário, iniciando seus trabalhos de crítica literária. O movimento acentua-se com
Georges Friedman (*Le travail en miettes*), Roland Barthes (*Mithologies*), Edgar Morin (*L'esprit du temps*). Os
estudos de Balandier sobre a situação colonial (cuja influência será grande em Franz Fanon e nos pensadores
isebianos brasileiros) retomam as preocupações de
Marx e Hegel, a contradição entre o senhor e o escravo,
descrevendo a relação entre a colônia e a metrópole em
termos de alienação. Os anos 1960 veem surgir os textos de Althusser, com seu anti-humanismo e a pretensão em corrigir o desvio hegeliano por meio do qual o
"jovem Marx" tinha sido introduzidos no país. Até
mesmo uma disciplina como a Antropologia, voltada
para as sociedades "primitivas", é reorientada pelos trabalhos de antigos alunos de Lévi-Strauss. Em 1971, a
publicação de *Ancient Society* de Morgan, quase um sé-

culo depois de ter sido editada em inglês, mostra que essa obra, devido à interpretação simplificadora de Engels, vista com desconfiança pela comunidade antropológica, encontra, por fim, uma acolhida no mundo da etnologia francesa.

A presença do marxismo na minha formação foi importante, o número de cursos que fiz sobre materialismo histórico o atesta, uma leitura mais atenta de *O Capital* e dos clássicos. Mas certamente a influência mais importante foi François Chatêlet, com quem segui atentamente os textos de Hegel, ainda guardo minhas fichas de leituras, além das anotações de aula que carinhosamente cataloguei como *apprétiations chatêliennes sur Hegel*. Ele foi um professor notável, com um sentido de cena que poucos atores possuem. Gesticulava e caminhava em círculos pela sala e, teatralmente, ao apagar a bituca do cigarro no pé da mesa, deixava os ouvintes mesmerizados. É bem provável que tenha marcado minha preferência pelo Marx filósofo em detrimento do economista. Vincennes proporcionou-me também um estudo sistemático das Ciências Sociais, tenho uma viva memória de Luis Prieto, argentino exilado, ele ocupava em Genebra a cátedra de Saussure, mas por razões políticas engajou-se na universidade. Durkheim foi, entretanto, o grande ausente, não tive praticamente nenhum contato com seus escritos. Não se tratava realmente de um preconceito da parte dos estudantes, sequer poderiam imaginá-lo como parceiro de suas aspirações históricas. No entanto, Weber, um liberal, era aceito sem grandes problemas. Claro, a clientela que se apresentava para esse tipo de curso era reduzida, mas isso não nos impedia de conhecer os seus principais trabalhos. Na verdade, eram os professores que se distanciavam do pensamento durkheimiano, pois sua trajetória na França era uma história eivada de conflitos. Depois da morte de Durkheim, apesar do brilho de Marcel Mauss e do talento de alguns de seus seguidores, Halbwachs ou Granet, o durkheimianismo tornou-se uma ideologia oficial do sistema de ensino francês. As cartilhas de sociologia, escritas por Georges David e Fauconnet, difundiam uma matéria rotinizada capaz de articular alguns conceitos básicos sobre a sociedade e propiciar um ensino leigo nos moldes da Terceira República. Durkheim tinha se transformado numa espécie de intelectual orgânico da nova ordem republicana, sua preocupação com o tema da moral tornando-se central para os seus seguidores. Particularmente no domínio da educação, no qual as propostas de natureza pedagógica concebiam a figura do professor da escola, primária e secundária, como alguém investido da sagrada missão de difundir, em escala nacional, uma consciência coletiva civilizada. Esta perspectiva militante e conservadora acabou sendo rechaçada por toda uma geração de intelectuais, Paul Nizan, Sartre, Raymond Aron, Merleau-Ponty. Eu colhia em Vincennes o fruto desse embate, já sedimentado na década de 1960, o inconveniente era que absorvia as críticas sem ter antes lido os textos originais.

Nos primeiros anos vivi angustiado com o tempo, era a segunda vez que essa sensação irritante de mim se apoderava. O mesmo havia se passado quando me mudei da escola agrária para São Paulo, passei o ano tentando recuperar as falhas de minha formação. A experiência repetia-se, ressentia um profundo descompasso em relação ao universo das Ciências Sociais. Não foi simples converter minhas energias de engenheiro para uma atividade tão distinta, tive de reeducar inteiramente os sentidos. O empecilho maior residia nas perguntas, a maneira adequada em formulá-las para se aproximar dos objetos. Nas ciências da natureza há um código universal partilhado pela comunidade científica, ele constitui a referência segura (embora discutível) para toda e qualquer hesitação. A experimentação é também um guia confiável, ela orienta o discernimento entre a certeza e o erro. Uma experiência benfeita vale por inúmeros argumentos genéricos. As Ciências Sociais são históricas, não se encaixam nesse padrão, a sensação que provocam em alguém proveniente de outra área é de uma grande imprecisão. Elas parecem hesitantes, desviam-se dos objetivos traçados e deixam margem à desconfiança. O contraste entre essas duas abordagens é tal que C. P. Snow lhes atribuía qualidades diversas e antagônicas. Entre os cientistas e os "literatos" (assim ele denominava as humanidades) haveria um fosso separando "duas culturas" incomunicáveis. Para se passar de um código a outro, era necessário aprender a equilibrar-se num terreno minado de incertezas. Aceitar e enfrentar tal desafio implicava o reposicionamento do olhar analítico, construindo uma perspectiva na qual as provas tinham como alicerce um solo movediço. Aos poucos comecei a discernir as diferenças entre as noções de equívoco e de erro. No âmbito de minha educação anterior, Física e Química, um raciocínio era falso quando contradito pelas leis do universo, pelo cálculo matemático, ou por uma experiência qualquer. No mundo dos laboratórios é comum escutarmos afirmações do gênero: "isso está errado", "você calculou mal", "a experiência fracassou". Nas ciências da sociedade, na qual a dimensão subjetiva do pesquisador interfere na construção do objeto, as concepções têm uma consistência mais elástica. Uma interpretação é equívoca, mas não propriamente errônea, situando as fronteiras de sua veracidade numa zona de nebulosidade. Os cientistas sociais não erram, simplesmente se equivocam.

O sentimento de defasagem levou-me a procurar a *École Pratique des Hautes Études*. Instituição criada ainda no século XIX, ela se expande para o domínio das humanidades com o advento da *VIe Section*. A *École*, como o nome o sugere, dedicava-se à "prática" de determinados conhecimentos e possuía uma organização singular. Integrada por pessoas talentosas, formava ao lado do *Collège de France* um polo de atração distinto da tradição universitária. Enquanto as faculdades voltavam-se preferencialmente para o ensino profissionalizante, tinham um caráter mais pedagógico, ela estruturava-se em torno dos laboratórios privilegiando a pesquisa em relação à docência. Muitos de seus membros não tinham, inclusive, o grau institucional exigido habitualmente, doutorado de Estado, valorizava-se o lado substantivo da vida acadêmica, as publicações e o debate das ideias (Edgar Morin nunca seguiu uma carreira tradicional, tampouco Henri Desroches, meu professor de sociologia da religião). Não havia graduação e as atividades fugiam à ordem de uma grade disciplinar preestabelecida. As unidades eram autônomas e os seminários ministrados pelos responsáveis de cada laboratório. Essa diversidade de práticas e enfoques espelhava-se na geografia da cidade, como não existia um edifício central congregando alunos e professores, os cursos encontravam-se dispersos em diferentes bairros, cada lugar arquitetônico com sua idiossincrasia própria. Os estudantes desenvolviam seus projetos pessoais sob a orientação de um tutor e as teses defendidas eram apresentadas como mestrado (uma espécie dele, pois somente no final dos anos 1970 o sistema francês se adequou ao padrão norte-americano) ou doutorado. Devido à sua orientação experimental, contrariamente às universidades, a admissão dos alunos prescindia dos títulos escolares habituais. Para se obter o *diplôme* (equivalente ao mestrado) exigia-se apenas o curso secundário completo. Um único problema: o candidato deveria elaborar um projeto original de pesquisa e apresentá-lo a seu futuro orientador.

Tentei a sorte. Conhecia um jornalista que tinha em sua casa a coleção completa de *O Pasquim*, ele ofereceu-a para mim. Montei assim uma proposta de leitura do jornal durante os dois primeiros anos de sua existência. As análises de discurso desfrutavam de uma boa receptividade e o estruturalismo tinha inclusive, via Althusser, ganhado adeptos do lado marxista. Vários estudos sobre a estrutura dos contos, mitos e obras literárias, estavam sendo publicados, lia-se Saussure, Lévi-Strauss e os formalistas russos. Foucault havia escrito *Les mots et les choses* (criticado por Sartre pela ausência de história), pois seus estudos sobre a temática do poder são posteriores, datam de sua chegada ao *Collège de France* (frequentei suas aulas quando ainda desenvolvia o projeto de *Vigiar e punir*; eu trabalhava ao lado, como *concierge*). O curso com Pietro provavelmente influenciou minha escolha, segui com aplicação suas aulas de semiologia e por sua sugestão cheguei a aventurar-me nos textos de Alfred Tarki sobre lógica. Pacientemente resolvia problemas de inclusão, relação entre classes, teoria dos conjuntos. Meu passado de engenheiro, nesse caso, favorecia-me, afinal o raciocínio requerido não me parecia tão distante do pensamento analógico, do cálculo diferencial ou da estatística, com os quais tinha boa familiaridade. Foi quando apresentei meu plano de pesquisa a Edgar Morin, ele havia acabado de retornar de uma estada na Califórnia, seu entusiasmado pelo ar libertário dos *campi* americanos era visível e tinha simpatia pela geração de 1968. Fui aceito.

A entrada na *École* abriu-me para um ambiente diferente, não encontraria ali o lado lúdico e efervescente de Vincennes, mas uma exigência teórica que até então desconhecia. A ênfase era menos escolar, recaía sobre a originalidade da pesquisa e sua redação final. Minha obrigação era simples, assistir aos seminários de Morin, mas logo constatei sua insuficiência. Passei a frequentar esporadicamente os de Barthes, estavam sempre lotados, e as aulas de Christian Metz, que ensinava semiologia do cinema. Não se tratava de mera curiosidade, queria ampliar meu horizonte de leituras. Meu objeto de estudo privilegiava a análise de conteúdo, o discurso, por isso as referências utilizadas estavam próximas da semiologia do cinema, história em quadrinhos, imprensa etc. Os contatos com Morin foram esparsos e reduzidos, os grandes nomes, e ele já nessa época desfrutava de uma posição diferenciada no campo intelectual francês, não tinham muito apreço pelos alunos. A regra do aprendizado era simples, *débrouille toi* (vire-se), o que nos importa é ler o trabalho final. Pude, entretanto, contar com a assistência de sua ex-esposa, ela era uma participante ativa do grupo de pesquisa e atuava como uma espécie de intermediária entre seu ex-marido e nós, os deserdados. Violette Morin foi atenciosa comigo, sugerindo-me várias leituras complementares, vi-me, assim, envolvido pelo mundo das comunicações: Abraham Moles, McLuhan, David Riesman, Lazarsfeld. Tive um contato sistemático com a sociologia americana que se ocupava da sociedade de massas. O predomínio desse tipo de literatura não era fortuito. A problemática da cultura de massa surge nos Estados Unidos nos anos 1930-1940, este é o momento em que são empreendidas as pesquisas sobre os meios de comunicação; elas queriam entender o impacto das mensagens junto às audiências e o público. O fato desses estudos florescerem em solo norte-americano é significativo. Enquanto os países europeus mais industrializados encontravam-se mobilizados pela guerra, aí o debate intelectual tinha como referência outra realidade: os filmes de Hollywood, o *star-system*, o rádio, a *soap-opera*, a publicidade. Os Estados Unidos conhecem, antes dos outros, a "revolução" tecnológica-comunicacional e suas implicações na esfera da cultura. Na década de 1950 são inúmeros os estudos realizados sobre a cultura de massa, pode-se ter uma ideia da sua importância quando se consulta um livro como *Culture for millions?*, de 1957, fruto de uma acirrada discussão entre os intelectuais americanos (dela participaram Edward Shills e Hanna Arendt). É também desse período o livro de Vance Packard, um *best-seller*, *The*

Hidden Persuaders, forte crítica à publicidade como forma de manipulação da liberdade individual. Nada há de equivalente na França, foi necessário esperar pelos anos 1960 para que Georges Friedmann criasse, junto ao CNRS, o Centre d'Étude de Culture de Masse (publicava a revista *Communications*), do qual participavam Edgar Morin e Roland Barthes. Um ícone da cultura de massa, a televisão, encontrava-se inteiramente esquecido do horizonte intelectual francês. Um silêncio pairava à sua volta. Ele desfrutava de pouca legitimidade como objeto de reflexão filosófica ou sociológica. À parte os preconceitos existentes no interior do campo acadêmico, que consagra alguns objetos e exclui outros, havia razões objetivas para isso. Na França, a televisão era estatal e seu padrão de funcionamento e organização era bastante distinto das exigências meramente mercadológicas (o conceito de indústria cultural aplicava-se mal a esse contexto). Prevaleciam os programas vinculados a uma visão elitista, voltados para o grande público, mas não para a massa (a televisão francesa não conheceu, como na Inglaterra, um empreendimento bem-sucedido como a BBC). A difusão de uma cultura televisiva é, nesse sentido, lenta. Enquanto nos Estados Unidos, em 1961, havia 57 milhões de aparelhos, esse número era de apenas 1,9

milhões na França (eles nunca habitaram meus aloja-
mentos durante toda minha estadia). Em 1960, menos
de 15 entre 100 moradias de operários tinham um
aparelho de televisão; em 1968, 42% dos lares franceses ainda não o possuíam.

ROGER BASTIDE, ENTRE A FRANÇA E O BRASIL

Terminei o ano de 1972 com a obtenção de dois
títulos: a graduação em Sociologia e o diploma da *École
Pratique*. Uma grande alegria, fazia somente alguns
anos que eu tinha chegado a Paris. Mas isso também
me angustiou. Repentinamente, encontrava-me numa
posição delicada, devia, novamente, tomar partido,
dessa vez, Sartre não me foi útil. Eu havia imaginado
uma aventura projetando-a num futuro incerto, não estava preparado para aceitá-la como algo realizando-se
no presente. Agora, diante dos fatos, devia ponderar
sobre os seus desdobramentos. Uma primeira alternativa, logo abandonada, se apresentava: voltar. Apesar
de minha vida itinerante e desconfortável, das adversi-
dades inúmeras, uma prolongada insegurança material
muitas vezes nos induz a um certo fatalismo, tal even-
tualidade amedrontou-me ainda mais. Um Brasil-Mé-

dici, ávido para sufocar-me. Restava outro caminho: continuar os estudos, o que significava tentar um doutoramento. Hesitei durante um certo tempo. A perspectiva me animava, mas minha intenção era vaga, sem forma ou conteúdo. Foi quando comecei a frequentar o Instituto da América Latina, um pequeno prédio, perto da *Sciences Po,* ao lado da *Rue du Dragon,* onde mais tarde viria morar, transformou-se numa espécie de quartel general para mim. Iniciei pela biblioteca na busca de ideias que viessem me estimular. Eu conhecia pouco sobre a sociedade brasileira, minhas leituras sociológicas tinham tido até então um caráter de formação e, claro, o fato de não ter estudado no Brasil, contribuía para agravar meu desconhecimento. No fichário, uma série de nomes: Maria Isaura Pereira de Queiroz, Octávio Ianni, Fernando Henrique Cardoso, Florestan Fernandes, Antonio Candido. Fixei-me no de Bastide, talvez pelo fato de ser o de um francês que havia vivido entre nós, a leitura de *Les religions africaines au Brésil* enfeitiçou-me. Desvendou-me um país que ignorava, um pouco como Oswald de Andrade descobriu a poesia Pau-Brasil de umbigo para a Torre Eiffel, eu encontrava a cultura brasileira na *Rue Saint Guillaume.*

Comecei a elaborar o projeto de pesquisa. Contei com a ajuda de alguém que conhecia das rodas de

violão, ele tocava num conjunto de música afro-brasi-
leira e imaginava ser possível criar em Paris um pequeno núcleo de estudos sobre o assunto. Uma ideia
simpática e inexequível, que o levou, porém, a cada
viagem realizada — vinha todos os anos — a trazer
livros e discos do país. Armazenada em sua casa havia
uma pequena biblioteca sobre umbanda, mais de quarenta volumes, obra dos teólogos da religião. Devorei-
-os. Pude assim montar uma proposta de estudo,
informaram-me, no entanto, que Bastide não poderia
aceitá-la, estava aposentado da Sorbonne, com a idade
avançada e trabalhando em tempo parcial no laboratório de Psicologia Social da *École Pratique*. Na dúvida,
marquei uma entrevista, ele era a única pessoa que poderia auxiliar-me na escolha de outro orientador.
Compenetrado, apresentei-lhe o projeto e expliquei
minhas intenções, disse-lhe que estava a par de sua
decisão de não mais aceitar novos alunos e polida-
mente perguntei-lhe se porventura conhecia alguém
que tivesse interesse no assunto. *Mais bien sûr* foi a
resposta e após uma longa pausa, alimentando minha
ansiedade à espera que eu lhe indagasse pelo nome da
pessoa, sorriu e disse: *c'est moi*.

O que me fascinou em Bastide? À primeira vista
tínhamos pouco em comum, gerações distantes, incli-

nações políticas distintas, mas paradoxalmente foi este afastamento que me seduziu. Como não se encantar com alguém que nasceu no final do século XIX, alistou--se na Primeira Grande Guerra e participou da criação de uma importante universidade brasileira? Aquele senhor baixinho, falando mal o português, eu o acompanhava ao metrô depois das aulas, era o testemunho de um tempo que eu mal deslumbrava. Sua erudição, sua familiaridade com autores tão diversos, era cativante e inusitada, a de um velho dinossauro, reserva ecológica de uma geração cuja riqueza e amplitude intelectual tinha se perdido. Fui descobrindo aos poucos, à medida que lia seus escritos, a presença de um desnível, um desconforto ácido em relação à modernidade. Esse protestante da Cevènnes não se sentia à vontade no mundo secularizado da técnica. Lembro, várias vezes ele me perguntava: "Você é marxista"? Minha resposta era invariavelmente negativa, em seguida acrescentava: "Sou *gauchista*", ao que ele retrucava, *moi aussi*. Um diálogo banal, condizente com minha experiência anterior em Vincennes. Mas como esse senhor, em maio de 1968, ensinava na Sorbonne, era catedrático de Sociologia, ocupava o lugar de Gurvitch, que nunca tinha se posicionado a favor da rebelião estudantil, podia se imaginar assim? Retórica? Onde se localizaria tal rebeldia?

As pistas podem ser encontradas em seus textos, não é casual que o prefácio de *Les Sciences de La Folie* inicia-se com uma referência explícita a maio de 1968. Bastide pensa a loucura como uma força capaz de abrir e ampliar a imaginação. Daí seu interesse por Fourier, que, ao inverter os cânones contianos, reclama por uma ciência que lhe confira espaço para se manifestar. A referência a 1968 é metafórica, denota um tempo no qual os fatos se encontrariam ainda indefinidos.

Bastide desconfiava do inexorável caminhar do progresso, como outros membros de uma geração de franceses — Leiris, Bataille, Caillois, Verger — tinha um certo desgosto pela modernidade. Essa inclinação teórica e estética, explorada pelos surrealistas em suas divagações oníricas, manifestava-se até mesmo em pequenos textos, escritos ao sabor das conjunturas particulares. Num artigo de jornal da década de 1940 ele narra um sonho: Macunaíma em Paris. Como anfitrião, está à espera para ciceroná-lo. Macunaíma logo lhe pergunta: "Onde estão vossas máquinas? Quero quebrá-las". Bastide, conhecendo a fúria destruidora do anti-herói brasileiro, timidamente começa a enumerar os feitos da tecnologia francesa: a máquina Torre Eiffel, a máquina metrô, a máquina Exposição Universal. Mas Macunaíma se aborrece com a eloquência da técnica e parte para o campo, visita Barba Azul, a fada Mélusine, os contos de Perrault, Gargantua. Sua atração é pela velha França, não a multidão parisiense, a arquitetura em ferro e vidro, os bulevares do Barão Haussmann, as lojas de departamento ou os quadros dos impressionistas. Essa nostalgia pelo passado, não na sua fixidez ou imobilidade, mas no seu contraponto ao presente, é uma constante em Bastide. Quando escreve sobre a estética de São Paulo, seu pensamento arguto não deixa de deslindar as armadilhas da vida moderna. O seu lado brilhante, móvel, febril, esconde a rigidez de sua monotonia. Assim ele crê, ou melhor, deseja, que o arranha-céu paulista não destrua a civilização da casa-grande. Pois como sociólogo percebe que a verticalidade da arquitetura moderna ameaça a horizontalidade do homem brasileiro, suas raízes. Essa tensão entre moderno e tradicional, passado e presente, permeia diversos de seus escritos. Numa de suas últimas conferências, a derradeira viagem ao Brasil, em 1973, eu o ciceronei pelos terreiros de umbanda em São Paulo e de candomblé em Santos, cujo título era sugestivo, *Modernité et Contre-Modernité,* ele retoma o mito de Prometeu. "Para nós ocidentais, a civilização não é como na África um presente trazido aos homens pelos deuses. Ela é fruto da revolta do homem. Quer dizer, enquanto na

África a ordem social é um prolongamento da ordem cosmológica, com o Ocidente, como dizem os antropólogos, a cultura já não mais deriva da natureza, não mais a prolonga, mas se superpõe a ela, a contrasta. No entanto, não devemos esquecer que os gregos conservaram a noção de *ubris,* de desmesura, na sua filosofia. Eles inventaram Prometeu mas também o abutre enviado por Zeus, que vem puni-lo por seu sacrilégio, devorando-lhe o fígado durante décadas e séculos. A *ubris* é a desmesura, e os deuses não querem que os homens ultrapassem um certo limite. Eles aceitam o progresso, mas, quando este torna-se grande demais, enviam castigos àqueles que fazem a humanidade progredir". O mundo moderno teria se excedido, Marx também cultivava essa imagem, o capitalismo como um Prometeu desacorrentado, extravazando as fronteiras do convívio humano. Os movimentos de contracultura surgem, assim, como um grito de alerta, uma esperança frágil diante da condição desmesurada. *Gauchista?* Talvez, mas com uma inclinação peculiar, pois Bastide é um homem do final do século XIX, ele ainda acreditava no equilíbrio entre tradição e modernidade, esquecendo-se que a voracidade da máquina capitalista não se sacia apenas com as vísceras de Prometeu ou a graça de Macunaíma, ela lhes corrói a cabeça e o ventre.

É no seio da contradição entre ser e estar, essência e história, que se insere seu interesse pela diferença. O outro enquanto algo distante — os brasileiros, os africanos, ou seja, os não franceses; mas também os candomblés e as santerias cubanas, religiosidades antípodas ao cânone cristão. Há no olhar de Bastide um certo romantismo que o faz retocar a imagem daquilo que difere. Ele, que compreende tão bem o candomblé, debate-se para apreender os cultos umbandistas e a macumba, pois lhes parecem fragmentos degradados da memória coletiva africana (no final de sua vida, em parte, reformula o seu ponto de vista). Bastide projeta no outro seu ideal de alteridade, transformando-o em portador de uma pureza incólume às exigências da história. Ideal romântico, herança do XIX, avesso aos desmandos da Razão, nutrindo-se da descoberta incessante daquilo que contrasta. Mas a idealização do distante possui um aspecto heurístico, levando-o para a sinuosidade das margens e borrando as certezas do eurocentrismo. Ela o aproximava das bordas, alheias à ceguidão de outros autores. Uma posição estranha a Lévi-Strauss, seguro de suas convicções, permaneceu incólume diante da realidade brasileira, costumava dizer, tínhamos passado do estado selvagem à barbárie sem termos conhecido a civilização. Ao chegar ao Brasil, em 1936, na sua viagem de iniciação, Bastide desembarca no porto de Santos em pleno carnaval, identificando-se imediatamente com esta "falta", a ausência de uma presença cheia, tão familiar à sua vivência europeia.

Não é difícil trilhar a pista de seu encantamento. No prefácio ao *Estudos afro-brasileiros* ele mesmo retraça seu itinerário intelectual, agradecendo às mães de santo que souberam entender "sua ânsia por novos alimentos culturais". Inclusive nos textos menores, a busca pelo novo se revela. Num pequeno artigo de jornal, escrito em 1943, ele pergunta se haveria a possibilidade de existir um romance policial brasileiro. Sua resposta é afirmativa, mas com a ressalva: "desde que o poeta lutasse com armas poéticas contra o detetive armado da sua razão, o policial com suas amostras de sangue, suas fichas antropométricas, seus microscópios e suas análises de cabelos, introduzindo assim uma nova técnica num gênero antigo que começa a se esgotar, justamente por andar sempre nos mesmos caminhos monótonos". Sonha-se com um Brasil distinto, uma alteridade ao já conhecido. A passagem evoca algumas das críticas de Adorno ao Iluminismo, não é tanto a razão que é visada, mas sua previsibilidade, o fato de decidir de antemão o destino dos homens, excluindo a surpresa e o novo de seu convívio. O fascínio pelo outro o faz escolher, e construir, os objetos de sua reflexão. Sua sociologia da religião é reveladora. Ela volta-se para as dobras da sociedade, trata temas como: Santa Tereza e o transe erótico *versus* o misticismo bem-comportado; movimentos messiânicos *versus* hierarquia religiosa; cultos afro-americanos *versus* racionalismo teológico. O contraste entre ordem e desordem, repetição e criatividade, atravessa sua obra como um todo, exprimindo-se de maneira magistral no ensaio *Le sacré sauvage*. Efervescente, imprevisível, o sagrado selvagem opõe-se ao domesticado, controlado, quieto, racionalmente administrado pela gestão religiosa. Para Bastide, a diferença, o outro, encerra uma promessa de abertura para o devir. O Brasil opõe-se à França, a periferia ao centro, entretanto, no seu interior, São Paulo contrasta com o nordeste, os brancos com os negros, e os candomblés carregam em seu bojo o hálito estranho à frieza do Logos. Seus escritos buscam os nichos, a brecha na qual se aninharia o inesperado.

O encontro com Bastide projetou-me no passado, eu havia me deparado com uma Sociologia de sinais trocados. Quando o encontrei em Vincennes, Weber surgia como um contrapeso ao positivismo durkheimiano e à sua banalização estimulada pela Terceira

República. Entretanto, sua aceitação pelo público universitário francês era relativamente recente. A história das ideias nada tem de linear. Quando lemos os compêndios de Ciências Sociais nos deparamos com um saber didaticamente ordenado: elas teriam surgido no final do XIX como um tipo de conhecimento autônomo cujo funcionamento se sustentaria em regras e procedimentos metodológicos partilhados pela comunidade científica. Esta é, porém, uma visão idealizada das coisas. Os clássicos do pensamento sociológico são universais na sua intenção, mas regionais nos seus empreendimentos científicos. Weber e Durkheim são contemporâneos, mas se ignoram mutuamente. Tal atitude não decorre de um "desvio" da verdadeira ética científica, a rigor, a Sociologia, antes de adquirir uma feição internacional, desenvolveu-se junto a públicos específicos na França, Alemanha e Inglaterra. A barreira do idioma, as tradições intelectuais nacionais, a escolha dos interlocutores legítimos, a encerrava em limites particulares. Weber é praticamente ignorado pela intelectualidade francesa até a década de 1940. Talvez um dos mais expressivos acadêmicos que se interessaram por sua obra seja Raymond Aron, no entanto, mesmo assim, ela continuava distante do grande público, seus escritos, na sua maioria, permaneciam em alemão. As ideias, para se difundirem, necessitam de mediadores, tradutores, editores, comentaristas. Elas viajam para portos diferentes, mas dependem da fertilidade de cada lugar: entre o centro irradiador e sua aclimatação ao solo no qual se implantam existem assimetrias. Os primeiros textos de Weber são traduzidos para o italiano e para o russo antes das edições em inglês (*A história agrária de Roma* apareceu em italiano em 1907, *A história econômica,* em inglês, em 1927). Em espanhol, *Economia e sociedade* foi publicado no México em 1944, graças aos esforços de um grupo de exilados. Eles escaparam da Espanha após o triunfo do franquismo e fundaram uma pequena universidade das ideias, a editora Fondo de Cultura Económica. Foi dessa forma que o livro se difundiu por toda a América Latina, inclusive no Brasil. Na França esse movimento é mais lento. Nos anos 1950 e 1960, revistas como *L'Argument* e *L'Homme et la Société* passam a divulgar, cada vez mais, o pensamento weberiano. Entre os marxistas, Weber surge como um interlocutor importante na discussão do capitalismo, junto aos trotskistas, seus ensaios sobre a burocracia são apropriados na luta contra o stalinismo. *Le savant et la politique*, seu primeiro livro traduzido para o francês, é de 1959, *L'éthique protestante et l'esprit capitaliste* teve de esperar até 1964.

Bastide atrasou os ponteiros de meu relógio de pulso, fixando-me no pretérito da tradição sociológica francesa. Ele introduziu-me na complexidade dos escritos de Durkheim, não somente *O suicídio,* apreciado pelos sociólogos americanos, mas sobretudo os textos elaborados na fase do *L'Année Sociologique.* Aos poucos fui me familiarizando com uma outra herança intelectual. Tinha a sensação de ser um aprendiz diante de um mestre artesão, no sentido em que o termo era empregado nas corporações medievais. Bastide havia estudado na década de 1920, logo após o término da Grande Guerra, quando o mundo durkheimiano era uma realidade palpitante. Suas referências à Mauss ou à Halbwachs compunham um leque de experiências individuais, remetendo-me a um universo geologicamente extinto, contudo, ainda vivo. Sabia que boa parte das críticas à sociologia durkheimiana procediam, sua oposição rígida entre indivíduo e sociedade, além de ter se silenciado sobre aspectos relevantes da vida social, Estado, classes sociais, conflitos. Durkheim contentava-se com a busca dos laços de solidariedade, o vínculo religando os adeptos do mesmo mundo moral.

Porém, ao lado desse silêncio, ou melhor, sob o seu leito, existia a riqueza de uma fala relegada pelas tradições marxista e weberiana. Os trabalhos reunidos em torno do *L'Année Sociologique* contemplam uma série de temas que não figuram nas listas consagradas do pensamento sociológico: morfologia dos esquimós, o pecado e sua expiação nos grupos indígenas, a representação da morte, magia e o direito, sacrifício, dádiva e memória coletiva. Sem mencionar os estudos sobre o incesto, o totemismo, as categorias de classificação do pensamento. Mas eu diria ainda, a tradição da escola francesa considerava a Sociologia e a Antropologia como habitantes de um mesmo território acadêmico, seu objeto de estudo, os fenômenos sociais, para ser apreendido na integridade, não deveria ser propriedade privada de nenhuma disciplina particular. Talvez tenha sido esta, para mim, a maior lição que pude retirar dessas leituras, a recusa em seccionar o social em setores estanques. Tendência que se acentuou, a ponto de reinar incontestе com o passo acelerado da institucionalização das Ciências Sociais. Descobri também que a introdução de novas perspectivas teóricas não eliminava o legado anterior, e que a inovação não resultava de uma soma zero de experiências. Ela pressupõe e enraíza-se nas tradições que a antecedem (isso me afasta de um tipo de afirmação comum entre nós: "tal tendência teórica está superada". A eloquência da frase está no ponto-final, propõe uma ruptura definitiva e secciona o pretérito do presente, o superado do atual). Todo pensamento sobre a sociedade é datado. Porém, é necessário distinguir entre datado, ou seja, referente a determinado contexto, e ultrapassado, algo que seria obsoleto. As Ciências Sociais se fazem em contexto, para praticá-las é preciso, do legado disponível, cultivar e escolher os traços relevantes para uma releitura da contemporaneidade.

Bastide projetou-me também junto à tradição intelectual brasileira — Sílvio Romero, Euclides da Cunha, Nina Rodrigues, Gilberto Freyre, Mário de Andrade, Oswald de Andrade. Alguns desses personagens fizeram parte do seu círculo de amizades e de interlocução. São Paulo da década de 1930 era ainda uma província e a comunidade de intelectuais e artistas, diminuta. As leituras que fiz vinham, assim, marcadas pelo sopro de sua vivência. Ele transmitiu-me, ainda, com força e carinho, um certo "espírito USP". Suas lembranças dessa época eram as melhores, talvez, por refletirem seu amadurecimento intelectual, muitos de seus escritos são frutos da estada no Brasil; talvez, pela afeição que nutria pelo país. Seus olhos brilhavam quando se referia a Florestan Fernandes ou Maria Isaura Pereira de Queiroz, eles não tinham sido apenas alunos brilhantes, a admiração transbordava um orgulho em relação aos trabalhos que vinham realizando. Fui assim envolto pelas reminiscências alheias, como um intruso, delas me apropriei. Havia nisso tudo uma certa incongruência, um disparate, o espírito USP, a bem da verdade, era desencarnado, sem materialidade alguma, como essas entidades vindas do além, que desgarradas pousam na mesa-branca. Não deixa de ser anacrônico deparar-se com a aura do peri-espírito brasileiro dos anos 1940 e 1950, em Paris, em plena década de 1970. Sem conhecer nenhum dos protagonistas dessa história implausível, eu me movimentava incessantemente no interior de uma máquina do tempo. Mannheim dizia que um dos aspectos mórbidos da vida intelectual é a sua propensão em se perder contato com a realidade. O aprendizado livresco, quando demasiadamente encerrado em si mesmo, seria uma fonte de confabulações pessoais e de ilusões. No meu caso, talvez, tenha ocorrido o inverso. Graças a um prestidigitador como Bastide e o distanciamento de um Brasil real, penetrei o passado como um sonho lisérgico. Os livros formavam um novelo, suas sentenças e pausas desdobravam-se em novas inquietações, outras perguntas, moldando uma infindável teia de aranha. As notas de rodapé, as referências bibliográficas, pareciam ter vida própria, transcendiam seus contornos espaciais, empurrando-

-me para um domínio de fantasmas simpáticos. As leituras formavam uma sequência de pontos ininterruptos, cada texto remetia-me a alguma coisa vizinha, abrindo-se para o conjunto aberto da história das ideias. Eu seguia os passos que já tinham sido trilhados, aportando em lugares desconhecidos, como âncoras eles foram balizando o mapa de minha imaginação.

É curioso observar como a escola paulista de Sociologia, nos seus primeiros anos de existência, privilegiou a problemática da cultura. A ideia de uma Sociologia inteiramente desvinculada do cultural, tão em voga nos anos 1960 e 1970, certamente não se aplicaria a este momento. Antonio Candido inclinou-se para a sociologia da literatura, Maria Isaura Pereira de Queiroz para os estudos das religiões e da cultura camponesa, Florestan Fernandes ocupou-se do folclore, dos indígenas, e dedicou boa parte dos seus escritos à questão racial. Na mesma trilha segue Octávio Ianni, seu primeiro texto publicado, um pequeno artigo, dedicava-se às expressões da cultura popular. Por que tal insistência nos temas socioculturais?

Talvez pudéssemos traduzir o argumento "influência francesa" por "influência durkheiminiana" (as aspas são propositais, pois nessas coisas existem múltiplas mediações). Não me refiro ao positivismo enquanto método, a definição do fato social como "coisa" exterior ao indivíduo, portanto, passível de ser compreendia por um observador isento de toda subjetividade, já havia sido bastante criticada por diversas correntes de pensamento. Na construção do fato social, o olhar do pesquisador é algo intrínseco à atividade sociológica. Na França, as análises de Marcel Mauss tinham nuançado a oposição rígida entre indivíduo e sociedade, marca característica da obra durkheimiana. Pode-se dizer ainda que entre a publicação de *A divisão do trabalho social* e *As formas elementares da vida religiosa* há um deslocamento do eixo teórico, a perspectiva durkheimiana passa da "infraestrutura", da morfologia social, para a "superestrutura" dos ideais. O interesse, antes restrito à divisão de trabalho, cede lugar às expressões da consciência coletiva e dos universos simbólicos. Essa mudança de orientação teórica está contida na ideia de representação. Para Durkheim ela constituiria, agora, uma realidade parcialmente autônoma, desfrutando de uma vida própria. Sua perspectiva abre-se, assim, para o horizonte dos ideais coletivos (a religião ou a Revolução Francesa), capazes de mobilizar os indivíduos e estabelecer novos vínculos sociais. Não obstante, a tradição francesa chegava no Brasil quando se transformava em seu país natal. O marxismo penetrava o pensamento universitário francês, embora fosse praticamente inexistente entre nós. Na tentativa de se aplicar o materialismo histórico à compreensão da sociedade brasileira, os estudos de Caio Prado eram uma exceção. Tenho às vezes a impressão de que a história das ideias no Brasil se faz de maneira um tanto enviesada, projetando no passado uma imagem desfigurada. Localiza-se a existência de determinadas correntes de pensamento, e de fato elas existiram, sem se perguntar realmente o seu significado. Isso se passa com o marxismo. As interpretações acadêmicas propriamente marxistas sobre a escravidão, de Octávio Ianni e Fernando Henrique Cardoso, são elaboradas no final dos anos 1950, e o mítico seminário do Capital é um fruto tardio, do início dos anos 1960. Como a reflexão de Caio Prado encontrava-se fora do círculo universitário, tampouco influenciou de imediato a historiografia brasileira. O mesmo se passa com a Antropologia, que sempre manteve uma discreta distância em relação às suas propostas teóricas. Existia, é claro, uma tradição marxista, mas ela encontrava-se ausente da vida universitária, concentrando-se em torno dos intelectuais egressos do Partido Comunista. Octávio Brandão e Astrojildo Pereira pensaram e escreveram sobre o Brasil, mas a influência de seus escritos era opaca no meio universitário, de alguma maneira, até hoje eles encontram-se ausentes do panteão do pensamento brasileiro. A memória os preteriu favorecendo outros personagens, Oliveira Viana, Gilberto Freyre, Arthur Ramos. Malgrado a insistência de Florestan Fernandes em traçar um certo paralelo entre sua obra e a militância política, seus primeiros trabalhos dificilmente se encaixariam na perspectiva marxista. Se é verdadeiro que a USP cresceu sob a hegemonia francesa, essa ascendência remontava a uma França dos anos 1920, momento em que se formou a geração de professores que viajou ao Brasil. Talvez por isso as temáticas predominantes tenham um quê de durkheimianas. Como na França, assuntos como Estado, classes trabalhadoras, partidos são postos de lado em detrimento de outros.

Evidentemente, é possível invocar motivos distintos para responder à pergunta anterior. A Escola de Sociologia e Política, com Willems e Donald Pierson, também se interessou pelos estudos de comunidade. Neles, o conceito de cultura era central, como se a sociedade brasileira, tateando na busca de sua industrialização, nos termos de Tönnies, fosse rica em "comunidade" e pobre em "sociedade". No entanto, o pensamento tradicional, ao esculpir os prosaicos retratos do Brasil (eram abundantes, da tristeza de Paulo Prado à indo-lência do Jeca Tatu), tinha já uma experiência acumu-lada em tratar a literatura, a religiosidade popular, o folclore e a mestiçagem. Basta lembrarmos os escritos de Sílvio Romero, Nina Rodrigues, Câmara Cascudo. Não há solução de continuidade temática entre os "an-tigos" pensadores e a escola de sociologia paulista. Coin-cidência? Talvez, mas poderíamos arriscar uma outra interpretação.

Até a década de 1940, a produção do pensa-mento sociológico no Brasil fazia-se num contexto em que se misturavam literatura, filosofia, discurso político e beletrismo. Uma disciplina marcada pelo ecletismo e pelo ensaísmo, construída sobre o alicerce de afirma-ções genéricas que prescindiam de um trabalho siste-mático de pesquisa. (Isso ocorria também com a História. Sempre me impressionou a naturalidade com que nossos historiadores, na ausência de um trabalho de arquivo, tomavam os relatos dos viajantes como fonte verdadeira, inquestionável dos fatos ocorridos.) Na verdade, não existia um espaço específico no inte-rior do qual o saber sociológico pudesse autonomizar--se. Ele se espalhava pelas escolas de Medicina, Direito, e os Institutos Históricos Geográficos. A universidade moderna rompe com esta sujeição, secreta as condições materiais para o desenvolvimento de uma independência científica definida, agora, por outros parâmetros. A Sociologia, ao se constituir numa esfera de bens restritos, marcada pela "ideologia do acadêmico", afasta-se de seu destino anterior. Se as temáticas permanecem, elas devem ser submetidas a uma releitura, uma reinterpretação. De fato, cultura indígena, questão racial, folclore, são temas constantes do pensamento brasileiro do final do século XIX aos anos 1940. Estavam intrinsecamente vinculados à problemática nacional, da brasilidade. Mas há uma diferença entre os escritos de Câmara Cascudo e as análises da escola uspiana sobre a cultura popular. Uma novidade é introduzida: a Sociologia. Na introdução de seu estudo sobre a dança de São Gonçalo, um povoado baiano, Maria Isaura Pereira de Queiroz cuidadosamente distingue sua metodologia de seus antepassados. Ela diz:

> Faltava principalmente uma formação especializada que permitisse a abordagem do problema sob este aspecto (sociológico). Não existindo ainda no Brasil cursos de Ciências Sociais, os folcloristas, embora sentindo a necessidade de uma focalização nova do assunto, completando as já existentes, não podiam incrementar suas pesquisas neste

sentido. A formação especializada é uma das primeiras condições para a realização de qualquer trabalho de maneira objetiva e eficiente; assim, os estudiosos que examinam os fatos folclóricos sob seu aspecto linguístico, ou musical, ou na sua formação através do tempo, precisam ser dotados de sólido preparo nesses campos a fim de poderem executar algo de consistente e de válido. Sendo o fato folclórico um fato social, cumpre examiná-lo também sob esse aspecto, e para tal é necessária uma formação sociológica.

Subjaz a esta afirmação aparentemente despretensiosa, todo o debate a respeito da cientificidade do folclore. A polêmica entre Florestan Fernandes e Edson Carneiro, considerada menor pelos historiadores das ideias é, nesse caso, reveladora. Em seus artigos "A burguesia, o progresso e o folclore" (1944) e "Sobre o folclore" (1945), ele havia explicitamente criticado a pretensão do folclore de constituir-se numa ciência autônoma. Evidentemente, as manifestações da cultura popular constituíam uma dimensão expressiva da vida social, porém, elas se tornariam inteligíveis somente quando abordadas por disciplinas específicas, Sociologia ou Antropologia.

Seu entendimento, a rigor, não trazia nenhuma novidade. Na Europa, diversos estudiosos tinham sérias dúvidas a respeito da existência do Folclore (com maiúscula). A noção de cultura popular nasce com o Romantismo alemão na virada do século XVIII. Os escritores românticos queriam recuperar um saber perdido no tempo, tesouro de um patrimônio ancestral. Eles valorizavam o anonimato do povo, substrato social no qual estaria encarnada a alma da nação alemã (os irmãos Grimm escreviam para um público leitor alemão, em oposição ao idioma da corte, o francês). Durante o século XIX, com a expansão do Romantismo e a emergência de uma consciência folclórica, o estudo das manifestações populares dissemina-se em vários países. Entretanto, no final do século, com o processo de autonomização das Ciências Sociais e o advento da universidade moderna, o Folclore (*the lore of the folk*), enquanto campo de conhecimento, tende cada vez mais a se situar à margem das novas disciplinas: Sociologia, Antropologia e História. A institucionalização das Ciências Sociais implica um padrão de legitimidade e rigor que se afasta da prática folclórica, uma semiciência, como a denominava Van Gennep. Nos países centrais, Inglaterra, França e a Alemanha industrializada, já distante do Romantismo, a consolidação das disciplinas acadêmicas implica na sua marginalização. Ele passa a ocupar as posições periféricas do sistema de conhecimento. Assim, o período clássico de fundação das Ciências Sociais coincide com a ausência da temática do popular. A Antropologia dedica-se ao estudo das sociedades indígenas, a Sociologia à modernidade, e a História à formação dos Estados nacionais. Por isso é raro encontrarmos nos escritos de Durkheim, Weber, Sombart, Simmel, sua problematização. A Sociologia quer apreender a passagem do tradicional ao moderno, da comunidade à sociedade, do rural ao urbano. Algo semelhante ocorre com a tradição marxista. Marx e Engels estão preocupados com a indústria, a mercadoria, a máquina, coração do sistema capitalista. A crença na ideologia do progresso, que permeia os autores da época, expele para a margem os resquícios do passado. Os próprios folcloristas, ao criarem os museus de cultura popular, admitem que diante do avanço da modernidade ela se encontraria em franco declínio. Por isso era necessário salvá-la, preservando, como dizia De Certeau, *La beauté de la mort*. É revelador que entre os marxistas, os que se interessaram pela cultura popular sejam oriundos dos países "pouco desenvolvidos", como Gramsci, para quem a questão meridional é crucial no entendimento da fratura intelectual e política existente no seio do Estado italiano.

Entretanto, no Brasil, o panorama era outro. As análises sobre a cultura popular antecediam a existência de uma ciência social propriamente universitária. Talvez fosse correto dizer, ela inicia-se por esse caminho: messianismo religioso para Euclides da Cunha; cultos africanos para Nina Rodrigues; literatura e cantos populares para Sílvio Romero. Contrariamente à Europa e aos Estados Unidos, nos países periféricos tematiza-se a tradição, não a modernidade. Enquanto a Sociologia clássica ocupa-se da divisão de trabalho, da urbanização, da industrialização, da metrópole, da racionalização, na América Latina nos deparamos com outras preocupações: mestiçagem, oligarquias, religiosidade popular, mundo rural. Se para os "outros" o fundamental foi explicar sua identidade em termos de modernidade, para "nós", sua emergência era um dilema, sua ausência ou incompletude manifestavam as dificuldades para construí-la. Esta era a problemática que prendia "nossa" atenção. Os sociólogos devem, portanto, enfrentar um saber, mas não propriamente uma disciplina, tradicionalmente estabelecido nos Institutos Históricos e Geográficos, cujo padrão se contrapõe ao que está sendo gerado nas universidades. Há, inclusive, uma conjunção entre a consolidação da Sociologia acadêmica e a institucionalização do Folclore em nível nacional, o que acirra a concorrência entre eles. Em 1947 funda-se a Comissão Nacional de Folclore, que integra o Instituto de Educação Ciência e Cultura; em 1951 realiza-se I Congresso Brasileiro de Folclore. Quando Edson Carneiro, em seu texto "A sociologia e as ambições do folclore", responde a Florestan Fernandes, no fundo, ele lastima que os sociólogos comecem a invadir um terreno ocupado por outros. Afinal, dizer que o folclore não era uma ciência, significava aceitar que outras disciplinas, a Sociologia ou a Antropologia, teriam maior capacidade analítica do que o antigo saber classificatório dos folcloristas. A geração de sociólogos paulistas, ao "roubar" dos que lhes antecederam os velhos temas, estava dizendo: a partir de agora não se pode mais escrever sobre o Brasil sem levar-se em consideração as formas específicas do conhecimento científico. A continuidade temática revela, assim, uma ruptura formal: a consagração da Sociologia como disciplina autônoma. Essa estratégia já tinha sido aplicada, com êxito, em outro contexto. Quando Durkheim escreve *O suicídio*, ele está se apropriando de algo considerado até então como "propriedade" dos psicólogos. Sua afirmação, o fato social é *sui generis,* define o contorno de uma disciplina passível de compreendê-lo inteiramente, sem a intromissão de outros saberes. O problema dos sociólogos brasileiros nos anos 1940 é análogo, tratava-se de fundar um novo campo científico, em delimitar fronteiras.

UM RITUAL DE PASSAGEM

O dia amanheceu chuvoso, mas tínhamos de seguir para a estrada. O projeto sobre a Umbanda levava-me de volta ao Brasil: trabalho de campo. O transporte mais barato que conseguimos foi um navio espanhol, mesmo sendo longo o trajeto, quinze dias, no início dos anos 1970 os transatlânticos ainda faziam concorrência aos aviões. Recorro a meu passaporte, nele encontro a data de minha partida: Barcelona, 4 de maio de 1973. Não há indícios sobre a companhia marítima que nos carregou, um estilhaço à deriva no tempo. Como sempre, vivíamos uma situação financeira precária, frugal e asceticamente economizamos as sobras dos trabalhos ocasionais para a compra das passagens. Tentamos a carona para diminuir os gastos. Acordamos cedo, chuviscava. Eu e Paula passamos por um supermercado e juntamos os plásticos descartados das embalagens, vestimos aquela roupa bizarra para nos proteger e marchamos para a *autoroute-sud*. Levamos três dias para chegar. Alguns conhecidos, um grupo de jovens militantes espanhóis, conseguiu um lugar para nos alojar, permanecemos aí por alguns dias à espera do embarque. Barcelona não era a cidade feérica na qual se transformou depois, o franquismo assombrava sua paisagem.

No apartamento moravam meu irmão e meu primo, mas tínhamos um quarto só para nós, bem mais confortável do que as *chambres* parisienses. Um primeiro desafio: encontrar trabalho. Graças a uma amiga, conhecida de Paris, arranjei uma série de *free-lancers* na Editora Abril (ali se aninhavam vários ex-trotskistas). Escrevia verbetes para as enciclopédias, embora nunca tenha entendido a ordem cronológica dos pedidos: T = tijolo refratário, A = abelhas, C = canal de Suez. Eu pesquisava cada um desses assuntos, coletava as informações, e com clareza e segurança compactava meu desconhecimento em poucas páginas. Consegui também um contato com a Editora Três, que publicava a revista *Planeta*. Eles estavam interessados no esoterismo e exploravam um filão tão apreciado pela crendice *light* das classes médias urbanas: falsos mistérios, maçonaria, símbolos cabalísticos, magia branca. Encomendaram-me alguns textos sobre os cultos afro-brasileiros, escrevi vários, embora tenham publicado apenas um:

"Exu: além do bem e do mal". Um título nietzschiano, dado pelo editor, que me desagradou profundamente.

Temos entre nós o hábito de preguiçosamente esquecer as coisas indigestas, dizem ser isso um traço de nossa idiossincrasia. Com o passado militar não foi diferente. Após a redemocratização do país, as lembranças dolorosas de nossa memória coletiva começam a fenecer: a violência da repressão policial, os crimes de tortura, os assassinatos. Convenientemente, já não mais recordamos que a grande imprensa, hoje tão eloquente em relação à democracia, foi um elemento ativo na legitimação do golpe militar. Renan, em seu famoso ensaio "O que é a nação", dizia que a memória nacional é feita do esquecimento. As batalhas inglórias, os conflitos sangrentos, o inconfessável seriam adversos à coesão coletiva. Para existir, a nação deve soterrar os resquícios indesejados de sua história. Ao retornar, encontrei um Brasil sombrio, acinzentado pelas brumas da ditadura militar, à noite era frequente ser parado nas ruas pelas tropas do exército ou pelas barreiras policiais, eles velavam pela insegurança de todos. Tenho desses momentos de chumbo uma recordação trivial, nos bares, restaurantes e lugares públicos, o silêncio era gritante, conversava-se em voz baixa para não ser ouvido. Técnica de sobrevivência às intempéries dos tempos,

denegação da alma festiva e sensual estampada nos
símbolos de brasilidade. Durante os meses que permaneci no país a pesquisa me absorveu, visitava regular-
mente as bibliotecas e os terreiros. Eu vivia às voltas
com os exus, caboclos, pretos-velhos, mães de santo,
jogos de búzios. Observação participante, desven-
dando-me a camada geológica da cultura popular depo-
sitada na arqueologia da sociedade brasileira. O estudo
dos cultos afro-brasileiros encerrava uma ideia que vim
a perseguir obstinadamente: a da nacionalidade. Minha
tese, contrariamente à de Bastide, era que a umbanda
constituía uma síntese, uma ruptura em relação à herança africana. Ao incorporar os espíritos dos caboclos
e pretos-velhos à tradição do candomblé e do xangô,
mesclando-os à religiosidade católica e ao kardecismo,
ela "bricolava" este legado cultural definindo o sentido
de sua nova identidade. Não diziam os umbandistas
que suas crenças contrapunham-se às teologias impor-
tadas, catolicismo e kardecismo? Problemática que
transcende o domínio do religioso, pois no Brasil e em
toda a América Latina, a busca da identidade é um tema
recorrente. A pergunta "quem somos nós" é parte de
um patrimônio secular e a resposta adequada estaria,
em princípio, equacionada no âmbito da questão nacional. Definir uma identidade é traçar um território e

nele deitar as raízes do que se está buscando. Nesse sentido, as identidades, sejam elas religiosas, sejam nacionais, partilham um traço em comum, a necessidade de se diferenciar do Outro. Para fundar as propriedades do único, do singular, é necessária a dimensão da alteridade. Entretanto, na tradição intelectual brasileira, a problemática do nacional tinha sido pensada em termos marcadamente essencialista. Interpretada de diferentes formas, por correntes teóricas antitéticas, persistia sempre uma ideia fixa: há algo autêntico a ser desvendado. Para um autor como Gilberto Freyre, ela deitava raízes na casa-grande e no ciclo do açúcar, o engenho seria a metáfora do Brasil. Para os isebianos, influenciados pela inspiração hegeliana do senhor e do escravo, ela seria fruto de um trabalho a ser realizado, a desalienação da consciência. No entanto, nos dois casos, supunha-se a existência de algo que se encontraria, concretamente, no passado ou no futuro. O Ser nacional era a pedra filosofal que sustentava as especulações sobre sua ontologia. A perspectiva culturalista em muito contribuiu para reforçar esse equívoco. Os trabalhos de Margaret Mead sobre os Estados Unidos, de Ruth Benedict sobre o Japão, de Clyde Kluckhon sobre os russos, partilhavam todos os mesmos pressupostos: a existência de um caráter nacional. Ele seria tangível, podendo ser descrito e compreendido pelo instrumental antropológico. Meus estudos sobre a umbanda levaram-me a ver as coisas de outra maneira, afastando-me dessa visão idealizada do mundo. A questão não é saber "quem é o brasileiro", como ingenuamente procuravam responder os escritos de alguns autores, mas qual a representação de sua identidade. Importa entender quem são os seus artífices, quais os seus interesses, em que condições ela é elaborada. O tema da autenticidade, decorrente de uma visão reificada da realidade, é um falso problema, pois a identidade é uma construção simbólica que se faz em relação a um referente. Os referentes são múltiplos, a religião, a nação, o grupo, entretanto, no movimento de sua elaboração os mecanismos acionados devem delimitar a diferença entre "nós" e "eles". Os intelectuais têm um papel decisivo nesse processo, e não me refiro aos grandes intelectuais, tampouco à tradição manheimiana que os percebe na sua relação exclusiva com a política e a vida pública. Eles são capazes de dar organicidade ao discurso que interpreta o social, produzem sentido e orientam a ação. A análise da literatura umbandista mostrava-me que o papel dos "teólogos" era dar consistência à fragmentação da prática religiosa. Os livros religiosos tinham justamente a finalidade de estruturar, de maneira orgânica, a heterogeneidade dessa herança, enquanto obras de intelectuais buscavam um esforço de sistematização. Qual o papel dos exus? Quais as linhas da umbanda? Qual a origem da religião? Onde reside sua brasilidade? As polêmicas entre esses artífices lembram as querelas dos sacerdotes católicos em torno dos temas controversos da Igreja (seria a Santíssima Trindade formada por três dimensões?), pois a elaboração da identidade religiosa requer uma resposta plausível, ou seja, convincente para os acólitos. As dúvidas em relação à identidade nacional são certamente outras. Seria o Brasil um país viável? A mestiçagem é realmente uma regressão na evolução das raças? Como se liberar do passado rural e escravista? Coube aos intelectuais, em etapas diferentes da história brasileira, responder a essas indagações e elaborar um retrato fidedigno e coerente do país. Ao diagnosticar os problemas, correta ou incorretamente, iluminava-se esta ou aquela direção a ser seguida.

Até hoje guardo meu diário de bordo. Um hábito saudável que conservei, descrever subjetivamente o andamento de um trabalho, porém, o advérbio "de bordo" é incongruente. O tempo moderno é veloz, célere, o número de contatos e de experiências que ocorreram num só dia é considerável, incomparável à morosidade cotidiana de Malinowski nas suas ilhas de Trobriand. Escreve-se "a jato", não "a bordo", figura de linguagem que lembra as longas e plácidas viagens de barco, quando o navio era o meio de transporte mais rápido entre os continentes distantes. Mas mesmo sintonizada à rapidez da vida moderna a escrita permanece uma atividade artesanal. O mundo das ideias não vive unicamente dos conceitos, eles devem ser lapidados, sem essa dimensão material, mundana, as abstrações têm uma vida fugaz, retórica. O trabalho intelectual enraíza-se numa prática, aprendê-la é um desafio constante, resultado de um exercício lento e ininterrupto. Wright Mills costumava dizer que para dominá-la é preciso cultivar uma série de disposições. Cautelosamente, deve-se escrever independentemente da certeza de uma eventual publicação (isso distingue um artigo de um *paper*), exercício repetitivo, às vezes monótono, mas capaz de transformar a ética num *habitus*. Por isso ele nos incentiva a ter sempre à mão uma lista de ideias que gostaríamos de desenvolver. Elas devem ser tomadas a sério, não demasiadamente, muitas são inexequíveis, outras insensatas, mas é a dinâmica do seu fluxo que encanta, pavimentando a via do que virá depois. Mills aconselha ainda a se alimentar um diário de campo ou de ideias, técnica profícua para desenvolver a mente e "manter a mão desembaraçada". É preciso escrever alguma coisa pelo menos uma vez por semana, caso contrário, ela enferrujaria. Minha experiência antropológica colocou-me nos trilhos desse exercício de caligrafia. Foi nessa época que comecei a escrever com certa assiduidade, no início, ordenava em textos as reflexões sobre a tese, enviando-os a Bastide. Ele pacientemente as lia. Suas cartas vinham detalhadas, chamando-me a atenção para os pontos a ser mais bem desenvolvidos. Essa compreensão de sua parte foi para mim importante, pois a escrita é uma atividade frágil e solitária, é fácil desgarrar-se em seus meandros.

O telegrama da *École Pratique des Hautes Études* chegou em fevereiro de 1974. Dizia: "*Monsieur le Professeur Bastide qui est alité depuis un mois m'a chargé de vous demander si vous seriez intéressé par un poste d'enseignement à Louvain en Belgique. Si vous êtes intéressé et si vous voulez amples renseignements, pourriez-vous écrire directement au Professeur Roosens?*".* Tive de ir ao dicionário, desconhecia a expressão *alité*. Não pensei que fosse tão grave, ele se encontrava perto do fim. Quando o revi no hospital, o câncer encontrava-se num estado

---

* O professor Roger Bastide, que se encontra há um mês acamado, encarregou-me de lhe perguntar se o senhor estaria interessado num cargo de professor em Louvain, na Bélgica. Se o senhor está interessado e gostaria de obter mais informações, poderia escrever diretamente ao professor Roosens?

adiantado, mesmo assim ele me dizia, se fosse necessário amputar uma das pernas isso não lhe incomodaria
tanto, desde que a cabeça permanecesse intacta e pudesse dedicar-se à leitura e à escrita. O funeral foi sin-
gelo, num pequeno cemitério nos arredores de Paris,
antes do adeus final, soaram os tambores africanos e
os atabaques brasileiros. Uma despedida sincrética
como sua vida, encruzilhada de civilizações.

O professor Roosens estava à minha espera.
Leuven colocava à minha disposição um posto de *lektor*.
Como sugere a palavra, não seria propriamente um
professor, mas um leitor de textos, o início da carreira
universitária, com um contrato temporário de dois
anos. A função, ministrar dois cursos para estudantes
de mestrado, antropologia urbana e da religião na
América Latina. A despeito de minha condição de brasileiro, pouco sabia do assunto, fui obrigado a me fami-
liarizar com um território tão próximo e tão distante
de minha brasilidade. Temos no Brasil a ilusão de viver
um mundo à parte. A obsessão pela identidade nacional, a busca pela modernidade prometida, espelhada
nos padrões europeus e norte-americanos, nos faz
acreditar sermos uma ilha desgarrada do continente
no qual se encontra. As evidências que nos cercam são,
dessa forma, cuidadosamente amortecidas. Um har-

monioso equilíbrio permeia as arestas da incompatível contradição entre a materialidade da geografia regional e a cartografia imaginada de nosso destino. Assim, temas como populismo, mestiçagem, colonização europeia e oligarquias deixam de ser vistos no que eles têm de comum, para serem pensados como hipóteses viáveis apenas no âmbito das singularidades nacionais. No fundo, temos a convicção de não sermos latino-americanos. Meu descaminho no exterior conduziu-me a outras paragens, a Bélgica desviou-me do conforto de minhas fronteiras. Isso teve, talvez, um efeito premonitório, antecipando o gosto que vim a nutrir pela América Latina, quando em meados dos anos 1980 comecei a viajar e conhecer melhor o continente. Roosens, chefe do departamento de Antropologia, era desses homens sisudos, logo observou que minha permanência no cargo dependeria do término do doutorado. Não era usual contratar alguém que não tivesse, no mínimo, esse título, mas a indicação vinha de Roger Bastide e da *École Pratique de Hautes Études*, ele a aceitava. Havia, entretanto, um obstáculo: o idioma. Num momento de disputa étnica entre valões e flamengos, o uso do francês não podia ser tolerado. Alguns anos antes o embate tinha chegado a um impasse e a polarização política evoluía para o confronto aberto. Na antiga *Leuven* a intransigência atingiu o ápice com o seu desmembramento e a criação de *Louvain-la-Neuve* na periferia de Bruxelas. Não havia, entretanto, um consenso em como partilhar o espólio, tesouro dos tempos medievais. A decisão foi salomônica, dividir a estrutura universitária, o corpo docente e discente, segundo o pertencimento linguístico. A insensatez atingiu, inclusive, o acervo acumulado ao longo de séculos, os livros foram espalhados, as coleções partidas, e um mesmo autor teve sua obra dispersa, volume por volume, entre cada uma das novas ou das velhas bibliotecas. Pouco importava se muitos desses textos tivessem sido escritos em latim, língua estranha à tal irracionalidade, prevaleceu a intolerância identitária. As dúvidas do professor Roosens, malgrado minha estranheza, procediam, ponderei, no entanto, que meu inglês era insuficiente para ministrar as aulas, tratava-se de um idioma de leitura. Como latino-americano, sugeri-lhe fazer o curso em espanhol, e não sem uma ponta de ironia acrescentei, o francês era para mim simplesmente uma língua veicular. No fundo, estávamos no mesmo barco, não tinham os franceses colonizado a *intelligentsia* latino-americana? O argumento, na sua sandice, surtiu o efeito desejado, comoveu o orgulho regional. Uma única exigência, porém, meus cursos seriam anunciados no anuário da universidade em inglês, assim, a face pública da farsa ficaria preservada.

Minha sorte mudou. O posto de *lektor* propiciava-me uma vida satisfatória, nada brilhante, o salário era modesto, mas fui me distanciando da antiga condição de lumpemproletariado. Viajava uma vez por semana, pernoitava no hotel com as despesas pagas, cumpria minhas obrigações e retornava a Paris. Com a morte de Bastide, minha orientação passou para o professor Rabenoro, um dado puramente formal, pois o trabalho já se encontrava amadurecido e em boa parte realizado. Comecei também a trabalhar no *Institut de l'Amérique Latine* como seu assistente, num curso sobre metodologia nas Ciências Sociais. Defendi minha tese em junho de 1975 e, nos meses seguintes, dediquei-me a escrever alguns artigos. O primeiro deles saiu publicado nos *Archives des Sciences Sociales des Religions*. Henri Desroches, diretor da revista, encomendou-me ainda algumas resenhas para o *L'Année Sociologique*. Os ventos sopravam noutra direção.

Van Gennep considerava os ritos de passagem uma técnica de separação, ruptura de universos antagônicos, o sagrado e o profano, o mundo dos deuses e dos homens. Em alguns cultos, o rompimento é tal que a imagem da morte é frequentemente associada à metáfora do renascimento. O indivíduo, ao penetrar a esfera religiosa, deve inteiramente sucumbir, uma nova personalidade emerge do ritual de iniciação. No candomblé são vários os sinais de distanciamento em relação à vida anterior. O neófito permanece recluso por várias semanas, tem a cabeça raspada, jejua, permanece ainda num estado de semitranse denominado *erê*, identificado às crianças. Ele é possuído por um comportamento infantil, gesticula e balbucia, e na sala de reclusão, para aplacar a dureza da provação, brinca com carrocinhas de metal, lápis de cor, pincéis; os muros das camarinhas são recobertos por seus rabiscos e desenhos pueris. O retorno à infância é o prenúncio do renascimento, ao seu término o iniciado é outra pessoa, batizado, filho do orixá de sua cabeça, ele afasta-se da vereda anterior participando, agora, de uma outra dimensão. A noção de passagem pressupõe a ideia de fronteiras, de portas, é preciso transpor as etapas da vida e isso não pode ser feito sem cautela. Van Gennep costumava dizer que as sociedades tradicionais assemelham-se a uma casa com um conjunto de quartos e de corredores, cada célula encerra uma expressão própria, uma individualidade modal. Ultrapassá-las sem o devido cuidado seria um sacrilégio. A comunicação é somente possível quando um complexo procedimento ritualístico permite o fluxo entre seus universos estanques. Minha passagem por Paris não foi benjaminiana, a modernidade é o reverso disso tudo. A rua é o lugar do deslocamento, da mobilidade, ela não respeita as fronteiras ou as raízes, sua função é interligar as partes da cidade, independentemente da substância de cada uma delas. O mundo do *flâneur* não possui portas é a sua ausência que lhe permite circular. Por isso o personagem de Edgar Allan Poe, no seu conto "O homem na multidão", erra sem sentido. Ele desloca-se pela cidade sem muros, a percorre inteiramente como um autômato, um ser anônimo, desenraizado, hipnotizado pela aglomeração humana. Paris surtiu em mim um outro efeito, ela introduziu-me num universo desconhecido, seccionando meu passado anterior. Entretanto, essa iniciação intelectual deixou-me só, no vazio. Eu tinha crescido à sombra do mundo universitário brasileiro e relutava a me integrar à sociedade francesa. Tal possibilidade me perturbava. Quando vivia modicamente não havia com o que me preocupar, a penúria garantia minha condição de estranhamento. Os sinais exteriores, convivi com os árabes nos trabalhos ocasionais, eram evidentes. Porém, com o doutorado, os primeiros artigos publicados, os cursos em *Leuven* e no *Institut de l'Amérique Latine*, minha condição se transformou. O caudal dos fatos arrastava-me na sua torrente, isso me dilacerava. Começei a pensar na volta. Havia sinais de mudança no Brasil, com a abertura política o quadro repressivo tinha se atenuado e um tênue suspiro democrático podia ser ouvido. Através dos jornais, comprados na livraria portuguesa da *Rue Gay-Lussac,* a leitura de *Opinião* e *Movimento* era obrigatória para os que viviam em Paris, acompanhávamos a situação nacional. Apesar do ceticismo, as notícias eram animadoras, parecia-me incompreensível viver fora do país.

O seminário sobre religião ocorreu num pequeno e belo castelo da Normandia, Cerisy-la-Salle, onde um grupo de intelectuais reunia uma associação de amigos. Propriedade da família Desjardins, ele era alugado para eventos acadêmicos e foi palco de inúmeros debates. O resultado desses encontros era geralmente publicado pelas editoras francesas com um título um tanto pomposo: *colloques de Cerisy-la-Salle.* Seus muros, no silêncio centenário, ostentavam uma galeria de fotos de pessoas ilustres: Camus, Sartre, Gilberto Freyre. Como ex-aluno de Bastide, fui convidado, deveria apresentar uma comunicação sobre minhas pesquisas. Escolhi exu, divindade pela qual tenho uma certa predileção, as outras davam-me a sensação de monótona harmonia, eram demasiadamente bem-comportadas. Os umbandistas, ao dividirem o panteão religioso em entidades das luzes e das trevas, introduziram um traço moralista junto ao politeísmo popular. Ao considerar os caboclos e pretos-velhos uma manifestação do "bem" terminaram por recalcar uma dimensão da vida, o "mal", tornando-a rígida e insípida. A rebeldia dos exus, à margem da ordem teologicamente estabelecida, trazia um alento a este conformismo tranquilizador. Fui surpreendido, no entanto, com a reação pouco amistosa de parte do público, tive de defender com força a ideia de que os cultos de possessão são universos religiosos, e que entre eles e as crenças ditas universais não há diferença de natureza. Pensar de outra maneira seria incorrer num profundo eurocentrismo. O debate prolongou-se e esquentou, eram tantas as intervenções que foi interrompido para o almoço e transferido para a tarde, alterando a programação. Entre os que me criticavam, inconformado, estava um senhor atarracado, ele considerava uma mácula nivelar o catolicismo ao transe mediúnico das religiões "mais simples". Para ele, o cristianismo era crença e conhecimento, fé e racionalidade, inaugurando uma dimensão cognitiva fundamental a toda a cultura europeia. Meu opositor era um homem célebre, a quem eu muito admirava, Ionesco, o grande teatrólogo, incansável, sustentava comigo essa polêmica acalorada. Duas pessoas vieram a meu socorro. Michel de Certeau, de quem logo me aproximei, a última vez que o vi, antes de falecer, foi em Nova York, quando residia nos Estados Unidos. Foi um dos responsáveis de ter aí difundido os trabalhos de Foucault. De Certeau, além de seus estudos historiográficos de grande originalidade, tinha também o dom de divulgar os escritos de seus colegas e amigos. Contou-me que no final dos anos 1960 tinha sido convidado a dar aulas no curso de Filosofia da UFMG, quando resolveu introduzir aos jovens estudantes e professores um novo autor: Althusser. Ficou admirado e, incomodado, retornou no ano seguinte, ao perceber que muitos tinham se convertido em ardorosos althusserianos. Maria Isaura Pereira de Queiroz, com quem rapidamente havia cruzado antes, e que se tornou depois uma grande amiga, veio também a meu socorro, não poupando Ionesco de suas críticas. Sabendo de meu desejo de voltar ao Brasil, ela informou-me que a Universidade Federal do Ceará estava ampliando os seus quadros. Escrevi imediatamente mas fui preterido. Alguns meses depois, à minha revelia, recebi uma proposta da Universidade Federal da Paraíba para ensinar em João Pessoa. Ofereciam-me um lugar no departamento de Ciências Sociais, a possibilidade de vir a dirigir um núcleo de estudos históricos, e custeavam a viagem. Arrumei as malas, ignorando dar um passo em falso.

Os nichos da memória

Eu deixava a França com uma educação bilíngue em Sociologia e Antropologia. Devo isso, em grande parte, ao objeto de estudo escolhido para a tese de doutorado: a religião é um tema propício para penetrar no universo antropológico, ritos, mitos, gestos, uma floresta densa de símbolos envolvendo as relações sociais. Acerquei-me ainda das vicissitudes e dos impasses do culturalismo americano, pois sua influência nos estudos afro-brasileiros era grande. Arthur Ramos o difundiu entre nós, e a vinda de importantes acadêmicos americanos ao Brasil, Ruth Landes e Herkowits, também contribuiu para isso. Entretanto, ao retornar, fui identificado como antropólogo, parte de minha formação era valorizada, outra recalcada. Não me queixo disso. A Antropologia ensinou-me várias coisas, aguçou uma sensibilidade qualitativa muitas vezes ausente nos estudos sociológicos. Há no olhar antropológico uma dimensão que aprecio, sua relação próxima com os personagens da vida cotidiana. O diário de campo, escrito na primeira pessoa, o tamanho da realidade observada, no qual objeto e observador estão no mesmo plano, tudo contribui para a valorização das nuanças e das mediações. Não foi por acaso que a microssociologia de Gooffman seduziu os antropólogos, sua ideia de trama, homóloga à totalidade elaborada pelos romancistas, aproxima a construção antropológica do teatro. Na sua interação, os personagens em cena dão sentido aos atos da vida social. A Antropologia permitiu-me também enriquecer as análises sobre as ideologias, possibilitando-me apreendê-las não apenas como ideários políticos, mas como representações simbólicas. Uma diferença sutil e decisiva. A ideologia nos remete ao domínio do consciente, ela é um discurso que enuncia uma visão de mundo, os símbolos são mais sinuosos, falam de algo ausente, envolto no emaranhado de um novelo. É sintomático que Habermas tenha diferenciado a Sociologia e a Antropologia, da Economia e da Ciência Política, considerando-as como as únicas disciplinas capazes de pensar a sociedade na sua totalidade. Há algo de decepcionante nas análises econômicas, embora desfrutem de prestígio junto ao grande público. Elas pressupõem a existência de um homem racional cuja ação se daria de modo exclusivo no plano da vida econômica. Ao isolar artificialmente essa esfera, separando-a dos outros níveis sociais, pode-se delimitar uma disciplina, a Economia, cujo objeto restringe-se às ações de um *homo economicus*, a rigor, inexistente. Algo semelhante ocorre com a Ciência Política: seu objetivo é compreender um domínio específico no interior do qual encontram-se inseridos os indivíduos e as instituições. Pressupõe-se, assim, a veracidade de um *homo politicus* capaz de agir de acordo com as metas objetivas implícitas na sua intenção inicial. A esfera da política seria uma espécie de subsistema da sociedade, com regras e funcionamento próprios, caberia a uma disciplina específica desvendar sua lógica peculiar. A Economia e a Ciência Política operam por uma artimanha, acredita-se ser possível seccionar a realidade, tomar parte dela como o domínio de seu interesse. A Sociologia e a Antropologia seguem outra estratégia, elas se ocupam dos indivíduos imersos nos seus contextos sociais, numa situação que os integra e os transcende.

De qualquer maneira, as razões que levaram meus colegas a me perceberem como antropólogo não foram de ordem epistemológica. Havia outros motivos. A década de 1970 conhecia uma reestruturação do campo das Ciências Sociais brasileiras. A política de pós-graduação fundou novos e reformulou antigos centros de Antropologia, eles disputavam as vantagens em demarcar as fronteiras de sua atuação. Existia um longo debate em torno de questões do tipo "o que é ser antropólogo", "qual a especificidade da Antropologia", "como ela se distingue de outras disciplinas", perguntas que em última instância remetiam à definição de um território. Ninguém tinha redigido de maneira explícita um código sobre as regras do método antropológico, esta era, porém, a preocupação principal no âmbito da política institucional. A delimitação do método e do objeto era uma garantia da identidade disciplinar, buscava-se, tardiamente, enquadrar um domínio correspondente a uma área profissional. Nesse processo de ocupação territorial, a cultura detinha um lugar de destaque, era um tema antropológico por excelência. Ao alargar seu horizonte, antes restrito às sociedades indígenas e aos estudos rurais, a Antropologia invadia parte do terreno da velha Sociologia. Esta, por sua vez, tinha também se retraído, afastando-se de suas origens. A sociologia do desenvolvimento, na versão norte-americana ou cepalina, assim como a teoria da dependência, tinham se tornado hegemônicas e para as novas gerações funcionavam como um ímã paradigmático. A prática da Sociologia identificava-se ao conhecimento dos processos sociais que impediam a nação brasileira de se desenvolver, conhecê-los era uma forma de se compensar nossa modernidade incompleta. Dentro dessa perspectiva, na qual prevalecia um certo economicismo endêmico, a esfera cultural era uma dimensão secundária. Ela encontrava-se ainda fragmentada, as análises sobre cultura de massa praticamente tinham sido abandonadas aos cursos de Comunicação, realidade nova que emerge com as faculdades de Jornalismo nos anos 1960. Já a sociologia da literatura permanecia confinada ao círculo dos críticos literários. A atração que a antiga escola paulista de Sociologia nutria pelos temas culturais tinha declinado, tornando-se uma recordação fugaz. Meu interesse pelos cultos afro-brasileiros, cultura e religiosidade popular, indústria cultural, foram então identificados a uma disciplina que adquiria novas feições no mundo acadêmico.

A estadia em João Pessoa foi um fracasso, um ambiente provinciano e coercitivo, aliado às deficiências culturais do lugar. Cheguei quando a universidade passava por grandes mudanças, o novo reitor pretendia implantar uma modernização a partir do alto, bem a gosto da inclinação autoritária. Racionalização da administração e do espírito, projeto que se chocava com a mentalidade oligárquica e clientelista da região, mas era também avesso a qualquer concessão democrática. Os grupos em disputa deixavam-me à margem de qualquer desfecho; entre a perspectiva pretensamente progressista de uma elite modernizadora, inspirada no modelo Delfim Neto, e o tradicionalismo da casa-grande, havia pouco a escolher. Essa era uma atitude generalizada na época, o autoritarismo favorecia o iluminismo castrense. No terreno da universidade, diversas propostas caminharam nessa direção, favorecendo o surgimento de pequenos "déspotas esclarecidos". Os termos, em si, deveriam ser contraditórios, pois o Esclarecimento associa-se à emancipação não ao despotismo, o regime militar inverteu o binômio dessa equação. A década militar das Luzes, em nome da eficiência e do planejamento, sufocava o espírito contestador, visto como um obstáculo à realização de seus desígnios, sua racionalidade. Experimentei em João Pessoa, na escala local, os efeitos dessa proposta espúria. Tive problemas de toda sorte: de adaptação, de saúde (uma gastrite de fundo nervoso), político, fui denunciado ao Serviço Nacional de Informações por colegas de departamento. Uma única atividade retirava-me da delusão na qual havia me enrascado, as viagens. Percorri o litoral, os rincões perdidos do sertão, até mesmo os lugares mais inóspitos, os paupérrimos redutos quilombolas, testemunho degradante de uma história silenciada. Mas não me encontrava mais nos anos 1960, quando, politécnico, por mais de uma vez, havia percorrido a região e o norte do país (naveguei pelo São Francisco nos velhos barcos vindos do Mississippi e cruzei a Belém-Brasília logo após sua inauguração). Naquele momento, a viagem tinha um sabor mítico, a descoberta das raízes brasileiras. Jean-Claude Bernadet observou que os heróis do cinema novo vinham todos do nordeste, o cangaceiro, o místico, o lavrador, eles constituíam o Outro de um Ser nacional em busca de si mesmo. Esses personagens famélicos eram parte da estética dos filmes do cinema novo, das peças teatrais, das canções de protesto, e interpelavam diretamente nossas consciências. Isso já não era mais possível no final dos 1970, agora, a modernização exibia sua nudez indisfarçável, a periferia surgia na sua marginalização negra, injusta, desigual, matéria inorgânica para simbolizar a promessa de alteridade. Acabei rendendo-me à evidência, partir. Rompi meu contrato e rumei para São Paulo, onde fiquei desempregado por alguns meses.

Recordar é inserir-se no tempo pretérito, mas há nesse intuito uma dimensão à primeira vista despercebida, o espaço. Halbwachs sempre insistiu neste aspecto, a memória necessita de nichos espaciais para se incrustar. Os objetos são a moldura que envolvem nossas recordações, a casa, os móveis, os quadros, a maneira como estão arrumados, constituem o contorno no qual as lembranças se encaixam. Os muros, as ruínas, as pedras da cidade são lugares de memória, ao contemplá-los somos projetados no tempo que se esvaiu. Por isso os detalhes topográficos são importantes, uma rua, uma praça, um jardim; por meio deles capto o ritmo de uma temporalidade antiga. Diziam alguns viajantes estrangeiros no final do século XIX, nessa época eles já eram turistas, o termo exprimia os encantos da modernidade — que era impossível conhecer Paris sem a mácula do olhar de seus habitantes famosos. Nossos julgamentos seriam afetados pelos personagens de Balzac, Victor Hugo, ou a prosa de Baudelaire. Uma experiência originária, isenta, fruto de uma primeira vez, seria uma intenção fortuita em se burlar a densidade de sua história imponente. Tenho, porém, grande dificuldade em evocar meus primeiros passos na cidade; apesar das tentativas, não consigo satisfatoriamente retraçar meu itinerário. Talvez, por desconhecer o seu desenho urbano, ao me deslocar como um estranho na sua materialidade, os bulevares e monumentos se misturassem em minha mente. Ela captava de maneira imprecisa, incidental, as imagens que a rodeavam. Aos poucos, ao me acercar de seus acidentes geográficos, eles se aproximaram, sua familiaridade permitiu reconstruir os meus passos. Entretanto, nas entrelinhas dessa reconstrução mental, jaz a latência da dúvida: não poderiam as coisas ter se passado de modo diferente? Algumas decisões tomadas poderiam certamente ser evitadas, mas em que isso modificaria nosso destino? Os existencialistas acreditavam ser a vontade inteiramente livre e a escolha um puro ato de subjetividade. Independentemente das circunstâncias ela se faria, sua concretude provinha unicamente da manifestação do Eu. O objetivismo durkheimiano diz o contrário, o fato social é coercitivo, como uma força exterior ele se impõe ao indivíduo, nesse sentido, o livre-arbítrio é denegado pelas exigências da sociedade. Entre os marxistas as mesmas dúvidas afloram. Quem faz a história: as classes sociais ou o homem? Pois pensar a história apenas como realização da luta de classes é aceitar que ela se faz a despeito da ação de cada um; seríamos agentes inconscientes de uma entidade transcendental, a classe. Ao refazer minha trajetória sinto que essas duas visões caminham para um ponto de confluência. Há momentos em que a escolha é possível, ela se faz, contudo, dentro de um quadro no qual as alternativas encontram-se objetivamente demarcadas. Talvez seja a isso que os gregos denominavam tragédia.

Quando retornei a São Paulo entendi que certos caminhos fechavam-se para mim. Dificilmente eu conseguiria uma inserção no mundo acadêmico paulista, era um desconhecido nada ilustre. As tímidas tentativas de contato que fiz junto à USP e à Unicamp logo me desencorajaram. Imagino, caso vivesse na década de 1940, quando a cultura francesa desfrutava de uma aura inédita, meu rumo poderia ter sido outro. Como não lembrar que o Teatro Brasileiro de Comédia foi inaugurado com uma peça de Jean Cocteau encenada em francês? Paulo Emílio Salles Gomes conta que após as sessões de cineclubes, realizadas na Faculdade de Filosofia, as discussões se faziam no idioma de Voltaire, claro, para facilitar a integração dos mestres ao debate. Bastide, Lévy-Strauss, Braudel não ensinavam em português, para desespero dos alunos. Os tempos tinham mudado. A nova geração de intelectuais voltava-se para os países de língua inglesa e os modelos legítimos nas Ciências Sociais eram outros. Na Antropologia a escola anglo-saxônica (Leach, Turner, Geertz), na Ciência Política as análises sobre partidos, eleições, instituições. Um futuro historiador das Ciências Sociais brasileiras, certamente não deixaria de observar que na década de 1970 existia um conflito subterrâneo, simbolicamente traduzido no embate entre França e Estados Unidos.

Uma suspeita recaía sobre a formação francesa, considerada excessivamente abrangente, humanista e "pouco científica". Títulos como o doutorado de Terceiro Ciclo encontravam-se sob o fogo cruzado do PHD norte-americano, sinônimo de *status* e referência inquestionável. Havia ainda os que acreditavam ser Paris uma cidade imprópria aos estudantes, diante de suas inúmeras solicitações eles se perderiam, vítimas da indolência e do banzo ancestral de sua brasilidade. Preconizava-se, assim, a vida reclusa dos *campi* americanos como um antídoto à dispersão juvenil. Existia no Ministério de Educação e Cultura, junto a seus assessores, representantes da comunidade acadêmica, uma filosofia implícita desestimulando os bolsistas de viajarem à França. Os mais conservadores, encobertos pela máscara da cientificidade, acrescentavam um argumento insólito, Paris estava infestada de exilados políticos, ambiente pouco sereno para os estudos. Essas escaramuças, internas ao campo acadêmico, traduziam a sua reestruturação pois novos grupos de pesquisadores tinham se apropriado das posições dominantes junto às instituições de financiamento, pesquisa e formação de quadros. A falsa oposição entre "franceses" e "americanos" era uma ficção simbólica, encobrindo os motivos verdadeiros que a sustentavam. Quando estive nos Estados Unidos pude entender como a formação europeia era valorizada nas suas universidades, às vezes, de maneira hiperbólica. Nos lugares em que estive ninguém questionava a validade dos meus títulos. A desconfiança existente no Brasil era parte de uma controvérsia estranha ao modo norte-americano, dizia unicamente respeito à utilização que certos grupos faziam das categorias "França" e "Estados Unidos". Elas funcionavam como aríetes na luta surda pela redistribuição das posições de mando na hierarquia das Ciências Sociais brasileiras.

Se as portas das universidades paulistas estavam cerradas para mim, algumas janelas, que eu recusava, se entreabriam. Minha rápida passagem por São Paulo introduziu-me no universo que Adorno denominava pesquisa administrativa. Nosso futuro historiador diria, havia razões suficientes para isso. A década de 1970 conhece uma formidável expansão do mercado de bens simbólicos: cinema, televisão, discos, livros, publicidade. Crescimento que traduz a reorganização do panorama cultural numa sociedade na qual a modernidade capitalista se consolida. O número de sociólogos também se multiplicava, novas carreiras eram abertas junto às fundações de pesquisa, às Secretarias de Estado, às empresas privadas (indústria cultural, publicidade). A demanda profissional correspondia a mudanças substantivas e era condizente com o ritmo acelerado da modernização. Até os anos 1960, a Sociologia era um bem restrito a alguns centros, geralmente localizados nas capitais dos estados, sua expansão instaura uma ampliação desordenada do mercado. Por isso os esforços de regulamentação da profissão concentram-se nesse período; reconhece-se um tipo de atividade, a realização de pesquisas e a interpretação de dados socioeconômicos, dentro de um novo marco regulatório. Ser sociólogo significava enquadrar-se nas normas exigidas pela lei. Entretanto, a concepção de pesquisa implícita nesse movimento de legalização vinculava-se à ideia de planejamento, coleta de dados para a elaboração de diagnósticos gerais e específicos. Interessava definir e regulamentar o mercado de trabalho. A disseminação das associações de sociólogos responde a esta demanda, mas colide com o estatuto anterior da Sociologia, um saber autônomo. Manoel Berlink foi provavelmente um dos poucos que percebeu de maneira crítica esta transformação. Colocando-se contra a "armadilha do emprego", ele dizia que a Sociologia não era uma profissão, mas um ofício. Existia, portanto, uma diferença entre uma visão técnico-instrumental e outra clássica, na qual o conhecimento não era ditado pela intenção pragmática da *policy* institucional. Porque esses fatos não foram problematizados na época? Qual o motivo desse silêncio nas discussões sobre o destino das Ciências Sociais brasileiras? Afinal, o silêncio é uma fala. O surgimento das associações de sociólogos coincidia com um conjunto de medidas que alteravam o quadro das disciplinas acadêmicas. A política de pós-graduação implementada pelo Estado tinha como objetivo a formação de quadros, ela respondia e dava suporte ao mercado profissional emergente. Os centros universitários estavam em consonância com esta tendência, talvez por isso eximiram-se de questioná-la. Uma convergência de interesses os aproximava. Outro aspecto remete à ditadura militar. As diversas associações da sociedade civil (de bairro, eclesiais, operárias, educacionais) travavam uma luta aberta contra o regime, romper a unidade do fronte nacional de resistência poderia ser visto como uma atitude diversionista. Um aceno nessa direção reforçaria as debilidades de uma oposição frágil e heterogênea. Pesava ainda sobre a Sociologia a acusação de ser uma disciplina subversiva, defendê-la, legalizá-la, de algum modo, significava contrariar o autoritarismo de Estado.

Entretanto, a discussão tinha sido travada em outros lugares. A polêmica entre Adorno e Lazarsfeld, nos anos 1940, revela a contradição entre o intelectual e o especialista, duas estratégias distintas de se conceber o pensamento. A primeira, voltada para a compreensão crítica da sociedade; a segunda, calcada na produção de dados empíricos suscetíveis de serem transformados em informação. Lazarsfeld, que na juventude havia pertencido ao partido social-democrata austríaco, mudara-se para os Estados Unidos na década de 1930, onde tinha aprimorado suas técnicas de pesquisa de mercado, introduzindo-as no circuito universitário. Sua concepção do trabalho intelectual era bastante instrumentalizadora e seu instituto híbrido vinculava-se simultaneamente à universidade e aos interesses privados. A valorização da pesquisa aplicada visava à elaboração de políticas públicas ou privadas, posição diametralmente oposta à dos frankfurtianos. Adorno criticava no *Radio Research Project* o fato de ser metodologicamente definido a partir de uma demanda externa, estranha ao imperativos teóricos na construção do objeto sociológico. O financiamento da Fundação Rockfeller buscava resultados concretos para o planejamento das estações das rádios comerciais, o pesquisador via assim sua autonomia tolhida pelas exigências impostas. A controvérsia entre esses dois praticantes das Ciências Sociais, ambos exilados europeus, manifestava ainda a reorganização do campo intelectual norte-americano. Adorno ressentia que toda uma tradição teórica perdia terreno para uma sociologia empírica ajustada aos projetos das grandes corporações e do Estado. Sua intuição era correta. É nesse momento que os pensadores da escola de Chicago, até então importantes no campo das Ciências Sociais, e que se concebiam como intelectuais, são suplantados pela Universidade da Columbia, onde floresce um entendimento profissionalizante dessa disciplina. Não é por acaso que as pesquisas de Lazarsfeld se fazem em estreita associação com a Columbia, assim como o desenvolvimento de seu *Bureau of Applied Social Research*. Esta transformação no modo de produção científica era o resultado de mudanças estruturais. O exemplo do funcionalismo é instrutivo. Talcot Parsons filiava-se a uma tradição mais teórica do pensamento, fato que induziu seus colegas a considerá-lo um "europeu". *The structure of social action* foi uma tentativa de erigir um sistema coerente para dar conta da sociedade como um todo. Por isso seu trabalho, elaborado nos anos 1930, parte de uma crítica do utilitarismo americano; no entanto, como mostra Alvin Gouldner em *The coming crisis of western sociology*, a teoria parsoniana, que no início desvinculava-se da aplicação prática, a partir da Segunda Guerra Mundial é apropriada pelo Estado de Bem Estar. A questão da utilidade é revista e torna-se fundamental. O Estado passa a investir grandes somas no financiamento das pesquisas, criando novas carreiras, oportunidades, conformando as Ciências Sociais numa espécie de aparato tecnológico para sua atuação. Problemas militares, políticos, sociais, de terapia de fábrica são agora enfrentados a partir de um diagnóstico "científico" que orientaria a ação corretiva junto à sociedade. A Sociologia adquire um novo papel: trazer subsídios para a *policy making*.

UNIVERSIDADE E POLÍTICA

Veio a meu conhecimento que o Departamento de Sociologia e Antropologia da Universidade Federal de Minas Gerais buscava por um professor com o título de doutor. Apresentei-me, sem saber que permaneceria em Belo Horizonte por um longo período. Minha partida era fruto de uma frustração evidente, São Paulo deixou-me um gosto amargo na boca. Percebi que muitos profissionais encaminhavam-se para os órgãos de planificação do governo ou as empresas privadas; a Editora Abril, um dos maiores complexos da indústria cultural, contratava uma mão de obra qualificada para atuar na esfera cultural. Isso foi o suficiente para desencorajar-me. Todavia, essas eram as alternativas concretas que Espírito objetivo a mim oferecia, ao surgir a oportunidade para ludibriá-lo, não hesitei, fugi de sua imanência tentacular.

Foi uma escolha correta, com os problemas normais de qualquer adaptação. Belo Horizonte tinha inconvenientes e vantagens, era uma cidade de porte médio e a vida cultural não podia ser comparada à pacata João Pessoa. Havia, entretanto, uma valorização excessiva da mineiridade, pois a elite local tinha construído sua imagem em torno da identidade regional. Versão conservadora de si mesma e dos outros. As famílias tradicionais detinham um peso desmesurado nas decisões e ainda ditavam a política cultural do Palácio das Artes à cidade universitária. Mas a Faculdade de Filosofia e Ciências Humanas possuía um quadro bem formado de professores, muitos deles, oriundos da antiga Ação Católica, tinham cursado a universidade de *Louvain*, antes de sua partilha, fruto dos embates políticos e linguísticos. Entre as universidades federais, a UFMG desfrutava de um certo prestígio e oferecia uma oportunidade real para o desenvolvimento de minhas atividades de pesquisa. As condições de trabalho eram boas e na biblioteca da faculdade encontrei a coleção completa de *Le Temps Moderne* et *L'Esprit,* providencial para alguns de meus estudos. Foi um período produtivo no qual publiquei meus primeiros livros, estabeleci ainda um contato frutífero com Florestan Fernandes. Não o conhecia pessoalmente, mas logo ao chegar ao Brasil enviei-lhe um exemplar em francês de minha tese de doutorado e iniciamos uma longa correspondência por cartas.

Foi uma conversa estranha, viajei a São Paulo e fui visitá-lo. Não imaginava que um dia seríamos colegas, mais tarde nos encontramos na PUC de São Paulo, um pouco antes de ele se candidatar a deputado federal pelo Partido dos Trabalhadores. Florestan Fernandes me aguardava, queria minha colaboração na coleção Grandes Cientistas Sociais que estava coordenando. Tínhamos trocado várias cartas e eu frequentemente lhe enviava os textos nos quais vinha trabalhando. Mostrou-me com orgulho sua biblioteca particular, uma babel de livros fascinantes. Sua geração era culta e intelectualmente inquieta, e não se beneficiou do apoio das bibliotecas para se desenvolver. Acumular livros em casa era um mecanismo de compensação às dificuldades materiais existentes. Uma prática generalizada em todo país, nas viagens que fiz pelo nordeste encontrei antropólogos, historiadores, folcloristas, que em suas residências tinham um acervo de textos mais rico do que muitos órgãos públicos. Ele insistiu para que eu organizasse um primeiro volume sobre Franz Fanon, e caso me motivasse, outro sobre Georges Balandier. Eu conhecia mal Fanon, apenas superficialmente, tinha mais familiaridade com Balandier, com quem havia inclusive cruzado em Paris; Bastide mantinha vínculos afetivos e profissionais com os africanistas. Entretanto, parecia-me mais desafiador contemplar um autor pouco conhecido do público brasileiro: Pierre Bourdieu. Seu centro de estudos vinha realizando uma série de análises sugestivas sobre a sociedade francesa, moda, discurso político, gosto, linguística, e a revista *Actes de La Recherche en Sciences Sociales* era uma espécie de laboratório de novas ideias. Bourdieu não tinha ainda a reputação que adquiriu depois, sobretudo com sua entrada no *Collège de France,* e contava com a pouca simpatia de Florestan Fernandes. Ele o considerava um representante da sociologia da ordem, uma classificação em voga nos currículos das Ciências Sociais da época (à qual se contrapunha uma sociologia do conflito, geralmente associada ao marxismo). Para ele, seu pensamento seria uma versão francesa do estrutural-funcionalismo parsoniano. Procurei demovê-lo de suas ideias, situando o autor no contexto intelectual francês, suas críticas ao estruturalismo de Saussure e Lévy--Strauss, a retomada de uma teoria da ação que me parecia original, e o contraponto que construía com o funcionalismo americano. Fui em parte convincente, não a ponto de apagar os seus sentimentos profundos, pois vivia um processo de radicalização política que o consumiu até o final de sua vida. Mas terminou por aceitar minha sugestão. Com uma condição: manter o compromisso de trabalhar sobre Fanon. Disse--lhe que sim, e de fato o fiz, embora o texto não tenha sido publicado devido aos problemas editoriais da coleção. Olhando-me nos olhos, ele então confessou: "Ortiz, estou muito desapontado com você". Após uma pausa hesitante, buscando as palavras adequadas para se exprimir, acrescentou: "Tinha certeza de que você era negro". A observação tomou-me de surpresa, foi quando entendi sua insistência em relação a Fanon. As belas páginas que escreveu sobre o racismo, sua crítica à arrogância branca vieram-me à cabeça. Fanon tinha uma maneira singular para diagnosticar essa situação humilhante, dizia que o negro, diante do olhar do branco, não possuía densidade ontológica. A fragilidade de seu Ser descompunha-se face à mirada do opressor. Retruquei: "Florestan, tomo isso como um elogio". Não foram os traços genéticos de minha avó, diluídos pelo tempo, que o fizeram identificar-me assim, mas a forma como tinha escrito *A morte branca do feiticeiro negro*. Inconscientemente, sem o saber, arranhei a epiderme de um fenômeno degradante aproximando-me da parte maldita. Anos depois, ao cruzar com alguns colegas negros, eles me revelaram também suas certezas: eu era um escritor preto.

Belo Horizonte empurrou-me para a política. Minha participação no movimento estudantil tinha se resumido ao círculo dos dirigidos, anonimamente vivi o clima de agitação. Não possuía uma militância nos partidos de esquerda, as lideranças permaneciam distantes, impassíveis, por trás dos megafones ampliavam na massa suas palavras de ordem. Quando me mudei para Paris, ressentia esse hiato em relação à prática da política. Eu estava cercado de exilados, os que fugiram do Brasil e do Chile, após a queda de Allende, mas uma espessa muralha de vidro nos isolava. Minha condição era distinta, pertencia a um outro universo, eles eram estrangeiros num país que os acolhia mas lhes era alheio. O exílio reavivava uma herança da qual eu participava apenas tangencialmente, a feijoada, os panfletos, a "última notícia do Brasil", a iminência da revolução, eram eventos aguardados com ansiedade, marcavam o ritmo dilacerado pela saudade e a decepção. Um mundo povoado por ameaças reais e imaginárias, acomodando-se aos tempos de prisões e tortura. Minha partida era fruto de um ato deliberado, eu havia deixado o país, gesto gratuito que me eximia dessa realidade brutal. A entrada no movimento de docentes foi uma forma de engajamento. Desde que cheguei, quando foi fundada a associação de professores de Belo Horizonte, tornei-me um participante ativo. Fui eleito vice-presidente da entidade, participei da greve das universidades federais autárquicas (1980-81) e a criação da Andes, fui membro da primeira diretoria, despertou-me para novas experiências. Realidade permeada por outras exigências: atos públicos, comandos de greve, declarações à imprensa, reuniões de trabalho, julgamentos em tribunais militares, negociações políticas. Foi um momento febril, combinando uma atividade intensa junto aos partidos políticos, sindicatos e associações civis, a ditadura perdia fôlego e a oposição fortalecia-se com o surgimento do Partido dos Trabalhadores e as recentes centrais sindicais.

Vivi com paixão esse período. Há algo de sedutor nas manifestações de massa, seu movimento browniano me cativou, ele provocou-me uma sensação inversa à que possuía Ortega y Gasset. Sua sensibilidade era avessa às aglomerações. A multidão e o indivíduo são temas da modernidade, mas ela é a sua contracara, o seu lado sombrio. As duas faces fitam direções contrárias e condensam virtudes antagônicas. O indivíduo representa a liberdade, a racionalidade, a igualdade. A justiça e os direitos são suas qualidades intrínsecas. Enquanto ser político ele contrasta com o despotismo dos governos e dos costumes; como expressão estética, ele é a moradia do espírito artístico, a residência na qual se hospeda o belo e o sublime. O artista encontrava-se antes aprisionado nas malhas insidiosas da religião e da corte, o advento do sujeito o teria por fim liberado dessa tirania insuportável. Quando os pensadores se perguntam "por que o indivíduo nasce no Ocidente", eles estão dizendo: fora de seu alcance os valores fundamentais do mundo moderno dificilmente seriam reconhecidos. Resta à multidão o ostracismo conceitual. Ela é homogênea, seus tentáculos ocupam um determinado lugar no espaço, ela é visível pelo seu volume disforme e exagerado. As praças, as ruas, as estações ferroviárias, congregam indivíduos heterogêneos, porém, no seio da massa, eles perderiam suas identidades. Aqueles que a compõem se desconhecem, nada os aproxima, religião, valores, laços familiares, por isso agem de maneira uniforme, como autômatas. Nas aglomerações as pessoas abandonariam o seu caráter, deixariam de ser uma entidade singular, sendo absorvida pelo movimento amorfo e impessoal. A multidão propiciaria um comportamento regressivo, emocional, descontrolado. Para mim, no entanto, as manifestações coletivas exprimiam também um *locus* de contradições e de efervescência. Talvez por isso, nunca tenha partilhado um raciocínio recorrente entre meus colegas, muitos deles acreditavam que as assembleias eram a evidência do irracional, seu *habitat* incondicional. Como debater com serenidade num ambiente entrecortado pela emoção? Seria a desmesura compatível com o espírito científico? A ebulição das aglomerações, naturalmente favoreceria o discurso populista, as soluções simplistas, os líderes carismáticos. Argumentos que tinham sido enunciados um século antes, quando Gustave Le Bon escreveu sua *Psicologie des Foules*. O pensamento conservador sempre percebeu os fenômenos de massa como uma ameaça, no seio de sua homogeneidade as diferenças se diluíram. Vincennes afastou-me desse Iluminismo trôpego, desconfiava da Razão com maiúscula e incomodava-me a ideologia do progresso guiada pelo pensamento certeiro e arrogante de si mesmo. Quando se discute política, tenho às vezes a impressão que dela procura-se eliminar qualquer traço do imponderável. Imagina-se ser ela o equivalente à teoria dos jogos na qual a racionalidade e o cálculo são os elementos preponderantes. Os cientistas políticos norte-americanos levaram essa concepção ao paroxismo com a *rational choice* de suas análises insensatas. Ingenuamente elas nos reconfortam. O mundo da ação, submetido ao controle da *leadership*, seria impecável e ordenado, a dimensão perigosa e explosiva da vida estaria por fim controlada na projeção analítica de sua falsidade.

Sabia, no entanto, que a política não era apenas festa ou utopia, ela encerra também uma dimensão de rotina, repetição e racionalidade. Ao lado, ou melhor, antes e após os momentos de efervescência, o aspecto organizacional é decisivo. Sem ele as instituições não conseguiriam se materializar e os objetivos específicos da ação estariam incompletos. A política vive da estratégia e da tática, ela desenha uma centralidade a partir da qual o cálculo das possibilidades se efetua. O pensamento encontra-se amarrado às circunstâncias, à meta a ser alcançada; a rotina é portanto fundamental, fortalece as instituições e permite sua atuação prolongada no tempo. Nunca tive, porém, inclinação para isso. Faltava-me talento e paciência para compreender os meandros dessas articulações. Quando me engajei nas greves, os professores universitários mantinham uma distância prudente em relação aos trabalhadores das fábricas e outros setores da sociedade civil. Porém, à medida que tivemos algum êxito, sucumbimos ao peso da estrutura que havíamos criado: uma eficiente máquina de mobilização nacional. Entendi que meu envolvimento esmorecia.

Tirei proveito desse aprendizado, rompi meu isolamento mergulhando numa teia de relações incessantes. Minhas tarefas de "dirigente" (políticos e empresários são fascinados pelo termo, lhes dá a ilusão de possuir um controle inexistente sobre os outros) e as viagens constantes colocaram-me em contato com sindicalistas, burocratas do governo, políticos, lideranças militares, expondo-me a um mundo em transformação. O movimento de docentes era parte de um processo mais amplo, a eclosão das manifestações sociais na década de 1970. No início, o combate à ditadura visava principalmente à defesa dos direitos civis, a liberdade de expressão, o fim da ingerência do Serviço Nacional de Informação na vida universitária. Um passo é dado com a fundação da Coordenação Nacional das Associações de Docentes, cuja finalidade era reunir, em âmbito nacional, as diversas entidades espalhadas pelo país. Tratava-se ainda de um organismo intermediário, sem uma direção formalmente eleita, do qual apenas os representantes de algumas associações faziam parte. Sua capacidade organizativa era limitada e havia inúmeras dificuldades para se unificar as reivindicações. A greve das universidades federais autárquicas (nessa época, as fundações constituíam uma categoria à parte no sistema federal de ensino), a primeira paralisação nacional da categoria, indicava claramente os entraves existentes. A criação da Andes (1981) implicou uma maior organização e centralização da ação política, ela maximizou a eficiência da disputa com o governo federal. Mas houve mudanças de rumo. A ênfase na defesa dos direitos civis foi aos poucos cedendo lugar a questões específicas, carreira do magistério, verbas para a educação, aumento salarial. Pela primeira vez, e de forma radical, os universitários colocavam-se contra o poder público, durante os anos subsequentes esta seria a tônica das greves ocorridas: 1981, 1983, 1984. Paralisações longas, algumas com a duração de mais de três meses.

O fortalecimento das associações de docentes se deu, sobretudo, devido a razões de ordem sindical, em particular, o problema salarial. O lado corporativo encerrava as virtudes e os limites da atividade política. Foi essa dimensão pragmática que aproximou os professores universitários de outros setores da sociedade;

ela ampliou o raio da ação, vinculando-os a campanhas conjuntas com sindicalistas, médicos, funcionários públicos. Não foi o discurso abstrato sobre a classe operária que estabeleceu uma ponte entre a universidade e a sociedade, mas as demandas concretas, reprimidas por uma estratégia de achatamento dos salários. As reivindicações tinham ainda o mérito de tornar pública as más condições de ensino e pesquisa, professores improvisados, precariedade dos laboratórios e das bibliotecas. Não obstante, a vertente sindical trazia em seu bojo ambiguidades e conflitos. Inicialmente, ela nos dividiu. Ao se consultar a ata de fundação da Andes percebe-se que uma votação polarizou as atenções: deveria ser criado um sindicato ou uma associação de professores? Uma corrente, à qual eu me filiava, entendia ser mais apropriado explicitar as diferenças entre associação e sindicato, pois a universidade é um espaço multifacetado no qual o rosto sindical é apenas uma de suas realidades. A divisão entre reitoria e docentes não é homóloga ao conflito entre patrão e empregado, capital e trabalho. A universidade não é uma fábrica na qual os trabalhadores alienam suas consciências a um capital abstrato, seus membros são participantes ativos do todo. Autonomia significa liberdade e experimentação pedagógica, capacidade de gestão dos recursos, mas também independência em relação às imposições externas, sejam elas sindicais, sejam empresariais, sejam religiosas. A visão defendida por nossos adversários era mais instrumental: o professor universitário é um trabalhador, deve pautar sua atuação pelo movimento geral dos trabalhadores (discutia-se nesse momento, no recém-criado PT, qual seria a definição correta de "trabalhador". O termo se aplicaria apenas aos operários, ou abrangeria uma conotação mais ampla, incluindo as camadas médias?). Como uma amálgama, o lado sindical, cultivado pelas pequenas organizações de esquerda, havia uma miríade delas, nos soldaria a uma causa maior, terreno das disputas ideológicas. No início prevaleceu uma compreensão menos restrita de organização, mas o sindicalismo latente, com o caminhar dos anos a superou. Uma sutil transfiguração sexual tornou "a" (associação) Andes em "o" (sindicato) Andes; ao longo dos anos 1980, a decisão anterior foi reconsiderada e o peso do artigo masculino, substituindo o feminino, encobriu as dúvidas e a diversidade das concepções existentes.

De qualquer maneira, a tendência em se minimizar a prática acadêmica diante das exigências sindicais era um fato. Não creio que isso tenha ocorrido por causa do "vírus do sindicalismo" ou da "mediocridade" das massas, como pregava a crítica conservadora. Outros motivos, mais objetivos, permitem compreender o que se passou. A oposição entre o acadêmico e o sindical correspondia a uma contradição real no seio das universidades brasileiras. Não se tratava de mera representação, mas de orientações estruturais inscritas na sua organização e no seu funcionamento. O desenvolvimento da pós-graduação favorecia uma esfera na qual a pesquisa era privilegiada e se descolava das exigências de caráter pedagógico, em particular o ensino da graduação. A responsabilidade da implementação dos cursos de mestrado e de doutorado cabia à universidade, mas o seu financiamento e a sua avaliação estava nas mãos dos órgãos federais (Capes e CNPq). Os professores envolvidos nessas tarefas específicas, constituíam, assim, grupos de interesses diversificados. Inutilmente, para ludibriar o impasse, a Andes insistia na ideia da equivalência entre o ensino, a pesquisa e a extensão. Como se cada uma dessas atividades fossem simétricas e intercambiáveis, não possuíssem nenhuma especificidade, as vezes, incompatibilidades difíceis de serem conciliadas. O aspecto sindical revestia-se de um certo pragmatismo, unificava os diversos segmentos universitários, enquanto a discussão sobre a pesquisa os dividia. Sem contar que a política científica propriamente dita estava distante das preocupações do movimento de docentes, e nela atuavam, com relativo êxito, as associações profissionais (físicos, químicos, biólogos). Do ponto de vista imediato, da economia política interna, as demandas corporativas eram passíveis de serem organizadas numa plataforma mínima de alcance nacional. Já os interesses acadêmicos, criação de pós-graduação, disputa pela avaliação dos cursos, verbas para pesquisa, bolsas de estudo encontravam-se dispersos, sendo acionados por grupos de pressão específicos. O quadro de militantes, oriundo na sua maioria dos grupos de esquerda, era também basicamente composto por professores jovens, com pouca experiência universitária. Eram raros os que possuíam uma formação científica mais refinada, sendo marcados por uma visão modesta e parcial da vida acadêmica. Diante da premência das metas políticas, a pesquisa e o trabalho científico eram vistos com desconfiança, inclinação elitista, bem rarefeito e difícil de ser "democratizado" entre todos.

O debate sobre a competência explodiu, saindo dos muros da universidade. A controvérsia maior dizia respeito à relação entre conhecimento e poder. Existia no ar, herança da efervescência de 1968, a ideia de que todo saber encerraria um elemento de poder. Pensá-los como entidades dissociadas seria insensato. No entanto, dizer que a competência é um apêndice do poder, ou o seu mero exercício, é simplificar as coisas. Levando o raciocínio proposto às últimas consequências chegaríamos a um impasse: saber e poder são dimensões equivalentes. Qualquer tipo de conhecimento redundaria em dominação e a crítica seria um artifício inócuo de abstração. Contudo, esta não era a dimensão que polarizava as atenções. Se pensarmos poder como uma capacidade, potência ainda amorfa para configurar alguma coisa, ele seria uma virtude a se realizar numa determinada direção. A finalidade específica pode variar, mas sua virtualidade definiria as chances de êxito. Nesse sentido, o conhecimento encerraria um conjunto de disposições capazes de delinear um caminho com direções distintas. Qual delas seguir? O desenvolvimento da moderna tradição brasileira exigia da universidade uma postura mais ativa junto às forças produtivas. A expectativa era de uma aplicação prática do conhecimento, voltada, de preferência, para as demandas do mercado. A crítica à ideia de "torre de marfim", do isolamento em relação "às necessidades do país", consubstanciava-se nesse tipo de perspectiva. A racionalidade produtiva e gerencial deveria ser potencializada por um conhecimento que lhe daria sustentação e durabilidade.

O movimento de docentes via com desconfiança tal orientação. As exigências empresariais nada tinham de ingênuas, eram a simples submissão da vida universitária à lógica mercantil, insistência muitas vezes travestida em discurso patriótico ("valorização das autênticas aspirações nacionais"). A crítica encobria, na verdade, uma série de intenções inconfessas, transformando os ideais acadêmicos em subsídios para a sua realização. Entretanto, as associações, embora hostis à ideologia prevalente, alimentavam uma dubiedade em relação aos princípios da autonomia. Questionava-se a ingerência do Estado ditatorial e a inclinação mercantilista, mas permanecia à sombra o velho argumento militante, cuja aspiração era redimensionar a potencialidade do poder. Tudo se resumiria a como ele seria utilizado. Haveria, pois, uma "boa" e uma "má" competência, sua autenticidade se definiria em função do engajamento, a serviço das classes oprimidas ou do capital. Concepção recorrente nos debates acalorados, ela reeditava, sem nomeá-la, a oposição jadnovista entre "ciência burguesa" e "ciência verdadeira".

Foram várias as críticas à instrumentalização do conhecimento. Talvez, a mais bem elaborada, em termos de organicidade, tenha sido a de José Arthur Giannotti em seu livro *A universidade em ritmo de barbárie.*

Posicionando-se contra a aparente democratização propalada pelo movimento de docentes, ele buscava preservar o mundo da ciência das pressões de ordem puramente ideológica. Sua perspectiva estava próxima aos princípios humboldtianos, nos quais a universidade surgia como "espaço livre da cultura", terreno de experimentação no qual não se encontraria inscrita nenhuma proposta política preparada de antemão. Nesse sentido, o controle e a administração do novo, sua sujeição às imposições partidárias ou pragmáticas, redundaria no reverso do que se desejava construir. Dificilmente eu discordaria dessas intenções, entretanto, ao reler o livro, não deixo de ressentir uma certa insatisfação. O esforço crítico de Giannotti situava-se num nível excessivamente abstrato, sem um compromisso com a historicidade dos fatos, a sociedade brasileira dele se encontrava ausente. Mas o que significava realmente a defesa do conhecimento e do poder acadêmico instituído. De que instituição estava se falando? A consolidação da universidade moderna é recente entre nós, ela se realiza somente com a Reforma de 1968. Isso em boa parte justifica a fragilidade de nosso conhecimento científico. Os números são eloquentes. Ainda em 1984, nas universidades federais autárquicas, somente 12% dos docentes possuíam doutorado, 22% o título de mestre. Nas universidades fundacionais o quadro era semelhante: 10% com doutorado e 23% com mestrado. A rigor, as décadas de 1970 e 1980 são um momento de formação de quadros, havia um vazio a ser preenchido. Um observador exigente não se contentaria com essas informações estatísticas, ele lembraria que a progressão na carreira fazia-se sem a exigência do doutorado, ou através de um sistema de equivalência de títulos bastante duvidoso. Os órgãos de gestão universitária eram, portanto, compostos por professores com um capital científico insuficiente, inadequado, muito distante do ideal preconizado. Essas questões constrangedoras, embaraçosas, estruturalmente ancoradas na história brasileira, permaneciam no limbo, recalcadas. Porém, não seria mais correto questionar a correspondência postulada entre poder acadêmico e competência científica? Essa relação é, em parte, válida para os países nos quais o processo de autonomização constituiu um campo científico, nos moldes em que Bourdieu o define. Aí, as injunções externas, políticas ou empresariais, puderam ser relativamente contidas, controladas (e por um certo tempo). A competência científica, enquanto fonte de autoridade, consolida-se, assim, como um valor consensual (há sempre fissuras). Antonio Candido dizia, numa de suas conferências, que no Brasil a crítica do saber chegou antes do conhecimento. Ele se referia àqueles que automaticamente identificavam o saber ao poder, disseminando uma leitura apressada dos textos de Foucault. Sua afirmação revela um diagnóstico arguto de nossa atividade intelectual. Entretanto, se nos "trópicos" existe uma contradição entre Ser ou não Ser, nossas ideias encontram-se "fora do lugar", temos de admitir também um outro tipo de defasagem: a defesa da instituição universitária chegou antes da competência preconizada. E os motivos que levaram a isso são menos nobres do que o simples desprendimento científico, eles vinculam-se a interesses específicos, a manutenção das regras do jogo instituído.

Os bondes de Chicago

Dizem que era comum encontrar nos bondes que circulavam na capital paulista a seguinte frase: "São Paulo, a Chicago da América do Sul". Porém, quando Richard Morse chegou para pesquisar a formação histórica da cidade, ele estranhou a comparação, pois existiam somente "três ou quatro prédios com cem anos de idade". Observação pertinente para quem estava acostumado com a arquitetura de Louis Sullivan e

Frank Lloyd Wright. Chicago era uma cidade de arranha-céus: Leiter Building (1885) Reliance Building (1895) ou o Great Northen Hotel (1892) com seus 22 andares. Seu espaço foi inteiramente remodelado no final do século, sendo adaptado para ser um grande e moderno núcleo urbano. Mas, talvez, nosso viajante tenha tomado a mensagem demasiadamente ao pé da letra. A referência não se dirigia ao local que lhe era familiar, ela revelava uma vontade mal confessada: São Paulo gostaria de ser a Chicago da América do Sul. A comparação era verossímil quando comparada à sua utopia. Corrigindo temporalmente a afirmação, creio ser possível relacionar a escola de Sociologia da USP ao grupo de Albion Small, W. I. Thomas, Veblen, Robert Park. Num depoimento sobre a trajetória de Florestan Fernandes, Fernando Henrique Cardoso sugere esta aproximação. Ele diz:

> "nos meados dos anos 1950, Florestan começou um novo momento do percurso intelectual, que durou muito tempo e foi marcante. E este momento está ligado a duas preocupações: uma com os negros e outra com a cidade de São Paulo. Eu não sei se já foi suficientemente ressaltado o que era esta preocupação de Florestan com a cidade de

São Paulo. Talvez o modelo fosse Chicago, já que a Sociologia americana tinha tido um enorme *élan* com estudos sobre Chicago".

Há uma analogia entre os dois casos. Chicago era um pequeno agrupamento de índios em 1800, em meados do século, possuía uma população de 30 mil habitantes, e no seu final atingia o número de 1.699.000 (o segundo centro urbano dos Estados Unidos). São Paulo do século XIX era um povoado de menor importância e sua população não ultrapassava 20 mil almas, o Rio de Janeiro concentrava as atenções, era a corte e a capital do Império. Em 1886 este número altera-se pouco, 47.697 habitantes; apesar da imigração europeia na passagem do século, particularmente a italiana, é somente em 1940 que sua população atinge um total de 1.326.261 habitantes (a segunda cidade mais populosa do país). Os dois centros são marcados pelo ritmo de suas indústrias, pela efervescência cultural e pela criação de novas instituições universitárias. Nos Estados Unidos, apoiada pelo financiamento privado, a Universidade de Chicago cria o Departamento de Sociologia em 1892, no Brasil, com o beneplácito do Estado, a elite paulistana funda a USP e sua Faculdade de Filosofia, Ciências e Letras. Inclusive, quanto ao intercâmbio com a tradição europeia, as semelhanças persistem. Pode-se imaginar que em Chicago circulassem bondes com a seguinte inscrição: "A Berlim dos Estados Unidos", maneira como a cidade se definiria em contraposição a seu alter-ego europeu. Uma reciprocidade constante, Louis Wirth era alemão de nascimento, Robert Park e W. I. Thomas estudaram nas universidades alemãs, incentivando um diálogo estreito com Weber e Simmel. Na USP, a primazia coube aos franceses, mas nos dois casos temos uma troca fecunda com as ideias de além-mar.

Os historiadores tendem a considerar o livro de W. I. Thomas e Florian Znaniecki *The polish peasant in Europe and America,* publicado em 1918, como um marco nas Ciências Sociais americanas. Momento em que a reflexão teórica e a pesquisa empírica se juntaram. Talvez outros preferissem *Introduction to the Science of Sociology* (1921) de Park e Burguess, considerada a pequena bíblia dos investigadores de Chicago. Seria possível encontrar na produção uspiana uma referência correspondente? Aceitando a sugestão de Fernando Henrique Cardoso, pode-se apontar *Brancos e negros em São Paulo,* de Roger Bastide e Florestan Fernandes, publicado na *Revista Anhembi* em 1953. Ou, quem sabe, *A etnologia e a sociologia no Brasil: ensaios sobre aspectos da formação e desenvolvimento das Ciências Sociais na sociedade brasileira* (1958) de Florestan Fernandes. De qualquer maneira, escolhendo-se os parâmetros que se julgarem os mais apropriados, salta aos olhos nessa comparação a defasagem temporal. Ela se acentua quando se tem em mente o surgimento da Sociologia francesa: *As regras do método sociológico* são de 1895, e a formação da equipe do *L'Année Sociologique*, de 1896. O que nos revela uma especificidade das Ciências Sociais no Brasil, sua institucionalização tardia.

A problemática da autonomia é interessante e a comparação com a França esclarecedora. No caso da literatura, é somente em meados do século XIX que ela se separa definitivamente das injunções religiosas e ideológicas. O ideal da "arte pela arte" significa: o artista aceita ser lido somente por outros artistas, isto é, as regras de legitimação do campo literário são internas, definidas pelos pares, não pelas demandas externas. Por isso vários autores combatem com ardor a política e o folhetim, eles seriam manifestações alheias à subjetividade artística, submetendo-a a seus objetivos escusos. Barthes dizia que Flaubert institui a literatura como uma linguagem, um objeto *sui-generis*. Mas para isso foi preciso emancipá-la da escrita política e comercial. O mundo burguês exigia do escritor um compromisso com a utilidade, Flaubert inverte essa relação de submissão. A recusa das ideologias e da racionalidade industrial (não se pode esquecer que o romance folhetim foi inventado como uma estratégia comercial para aumentar as vendas do jornais) implicava o recolhimento e o confinamento do artista a um território específico: o fazer literário. No Brasil, esse processo é, no entanto, lento e tardio. Ainda no final do XIX a literatura nela confunde dois outros discursos, o político e o estudo da sociedade. Quando Euclides da Cunha escreve *Os Sertões,* seu intuito é resolver essa tensão, ele pretende romper o círculo entre literatura e investigação científica. Entretanto, com o Modernismo, no qual a questão nacional é central, as condições sociais e ideológicas anteriores são reiteradas. Antonio Candido descreve os anos 1920 e 1930 como um período no qual a literatura convive harmoniosamente com os estudos sociais. O distanciamento entre a intenção estética e as preocupações políticas e científicas somente ocorre na década de 1940. Nesse momento, a literatura volta-se para si mesma, assumindo a configuração de um discurso particular. Algo semelhante ocorre com a Sociologia, porém, para que ela se realize enquanto disciplina acadêmica, é preciso diferenciar-se de seu passado. O caso da USP é sugestivo, não que a Sociologia seja uma in-

venção paulista (isso não faria sentido), a rigor, sua institucionalização se faz, simultânea e desordenada-
mente, em vários pontos do país. Mas ele tem um valor
heurístico, permitindo captar os elementos nodais à
constituição do campo sociológico brasileiro.

A figura de Florestan Fernandes é exemplar (utilizo o termo no sentido mítico de herói fundador), ela
condensa a evolução de um saber acadêmico que gradativamente se generaliza. Sua insistência em considerá-lo como científico, distinto da política ou de outros
discursos, espelha-se na discussão que trava com Guerreiro Ramos. Quando escreve "O padrão de trabalho
científico dos sociólogos brasileiros" (1958), ele tem em
mente uma formação intelectual pautada pelas "normas, valores e ideais do saber científico". Há algo de
manheimiano em sua perspectiva, ao considerar o *ethos*
científico uma espécie de subcultura (tema recuperado
por Robert Merton nos anos 1940). Mas seu objetivo é
claro, diferenciar a Sociologia das outras falas num momento em que imperava uma polissemia sobre a interpretação do social. Ele pretende romper com o senso
comum, o discurso jurídico, jornalístico, literário, e dis-
tanciar-se de um entendimento instrumental do método sociológico na resolução dos problemas sociais:
uma crítica de sua utilidade. Posição antagônica à de

Guerreiro Ramos, que a concebia como uma cartilha de "salvação" da sociedade, corpo teórico cuja vocação seria "tornar-se um saber vulgarizado". Adepto de uma visão genuinamente nacional, e em muitos aspectos provinciana, ele olhava com desconfiança as influências estrangeiras. Com uma certa pompa, eu diria mesmo, empáfia, ele enunciava sua "Lei do caráter subsidiário da produção científica estrangeira": "à luz da redução sociológica, toda produção científica estrangeira é, em princípio, subsidiária". Dito de outra forma, o saber caracteriza-se por sua regionalização, adaptação forçada às sociedades nas quais se acultura. Por isso as questões políticas e sociais a serem enfrentadas pelo países "colonizados", na sua condição de periferia, prevalecem sobre qualquer tentativa de autonomização do conhecimento. Há um certo desprezo pela pesquisa nas propostas de Guerreiro Ramos, no prefácio à segunda edição de *A redução sociológica,* ao se diferenciar dos "sociólogos convencionais", ele qualifica seu posicionamento analítico como superior, pois havia sido ditado pela "experiência" (sua atuação junto aos organismos governamentais) e não refletia nenhum "culto livresco". No II Congresso Latino-Americano de Sociologia (1953) as recomendações que faz, caso fossem literalmente seguidas, seriam desastrosas:

No estágio atual de desenvolvimento das nações latino-americanas, e em face das suas necessidades cada vez maiores de investimentos em bens de produção, é desaconselhável aplicar recursos na prática de pesquisas sobre detalhes da vida social, devendo-se estimular a formulação de interpretações genéricas dos aspectos global e parciais das estruturas nacionais e regionais.

Inspiração isebiana, que percebia a ciência como uma ideologia promotora do desenvolvimento nacional. No entanto, malgrado seu temperamento intempestivo, Guerreiro Ramos capta com vivacidade o momento pelo qual passa a cultura intelectual no Brasil. Sua crítica incide sobre a pretensão dos que imaginam que a Sociologia inicia-se com as escolas de sociologia, particularmente a paulista. No que tinha razão. A afirmação de Florestan Fernandes "executando-se a produção dos sociólogos estrangeiros que lecionaram entre nós, as primeiras tentativas de vulto, na exploração de alvos científicos definidos sistematicamente da investigação sociológica, fazem-se sentir em contribuições posteriores a 1930, de Fernando de Azevedo e de Emilio Willems" é no mínimo duvidosa. Guerreiro Ramos vê-se, assim, diretamente atingido, pois filia-se a uma outra linhagem: Visconde do Uruguai, Sílvio Romero, Euclides da Cunha, Alberto Torres. Indignado, ele reage e arrisca, inclusive, a fazer alguns prognósticos. "O público não sabe hoje quem são Fernando de Azevedo e Emilio Willems, mas continua a ler aqueles autores e em suas obras encontrando esclarecimentos úteis à compreensão objetiva do passado e do presente. Esse modo de ver do Sr. Florestan Fernandes demonstra o caráter de ideologia de professor que tem as suas considerações. Daqui a cinquenta anos — é preciso advertir — não serão os Emilio Willems de hoje, mas os Sílvio Romero de hoje que estarão vivos na memória e na gratidão dos estudiosos."

Pode-se ler essa controvérsia de várias formas. Uma primeira versão seria a colisão entre duas personalidades fortes, elas lutam para legitimar orientações diferentes no campo das Ciências Sociais. O embate entre uma Sociologia predominante acadêmica, que reside em São Paulo, e outra "nacionalista", interagindo diretamente com o Estado, na capital federal. É difícil não concordar com Guerreiro Ramos em alguns pontos, o leitor paciente, ao revisitar os escritos de Willems, sente que eles são marcados por uma ingênua simplicidade. O destaque atribuído a Fernando de Azevedo é também questionável, ele representa uma fase de transição entre a retórica bacharelesca e o discurso acadêmico. Mas no instante em que escrevo, quase quarenta anos se passaram, somos obrigados a admitir que os tempos dos Sílvio Romeros se acabaram. O debate deve, portanto, ser deslocado para um outro nível.

A história sempre foi um terreno movediço, objeto de disputa e de mal-entendidos. Acreditamos que compreender o passado é, de uma certa maneira, entender o presente, às vezes, de nos orientar rumo ao futuro. Há, no entanto momentos que sua releitura, sua reinterpretação, é crucial, pois trata-se de construir uma identidade. A tessitura do discurso deve responder à pergunta "quem somos nós", revendo-o "a partir" de um marco zero. Nas décadas de 1940 e 1950 a identidade da Sociologia era ainda amorfa, e a dúvida, "o que é a esta disciplina", pairava no ar. O pensamento sociológico brasileiro encontrava-se muito próximo de seus antepassados, era importante redesenhar o presente separando-o de seu legado desordenado. Identificá-lo consistia em delimitar fronteiras, construir um círculo no interior do qual as regras do conhecimento acadêmico pudessem vigorar. Os heróis fundadores cultivados por Florestan Fernandes são um tanto insípidos, há mesmo um grau de injustiça em relação a outros pensadores, Gilberto Freyre é deliberadamente omitido. Mas sua *démarche* implicava uma ruptura, enquanto Guerreiro Ramos contentava-se com a continuidade do ecletismo inaugurado no século anterior. Ele nutria ilusões sobre um saber radicalmente autóctone, nacional, e plantava suas raízes numa fase na qual se esboçava o projeto da nação brasileira. Florestan Fernandes, mesmo em suas hesitações, estava mais afinado com os novos tempos, exigindo que o relógio acadêmico fosse acertado com os imperativos da hora internacional.

Alguns autores começam a dividir a história das Ciências Sociais no Brasil em antes e após 1964. O corte que lhes interessa não é mais a diferença entre conhecimento acadêmico e ecletismo, autonomia ou ideologia nacional, mas o processo de profissionalização e de institucionalização das disciplinas. Os dados empíricos aparentemente confirmam essa abordagem. Até meados dos anos 1960, a produção sociológica restringe-se a poucos lugares no país. Mesmo em São Paulo ela é incipiente, na Faculdade de Filosofia, Letras e Ciências Humanas da USP, entre 1945-1965, foram defendidas somente 41 teses (incluindo livre-docência, doutorado e mestrado) e considerando-se os trabalhos nas áreas de Antropologia, Sociologia e Ciência Política. O panorama nacional em Antropologia não era muito diferente: em 1953 havia 41 sócios inscritos na Associação Brasileira de Antropologia. Números modestos, eles atestam a existência de um grupo profissional reduzido, girando em torno de algumas figuras carismáticas — Florestan Fernandes, Arthur Ramos, Darcy Ribeiro. O quadro muda radicalmente com a criação da política de pós-graduação e financiamento da pesquisa. Organismos como Finep, Capes, CNPq, Fapesp e até mesmo a Fundação Ford (em 1967, faz sua primeira doação ao Departamento de Ciências Políticas da UFMG), iniciam um apoio efetivo às Ciências Sociais. São ainda criados os programas de Antropologia no Museu Nacional (1968) e na Unicamp (1971), de Ciência Política no IU-PERJ (1969), de Sociologia na Universidade Federal de Pernambuco (1967) e na Universidade de Brasília (1970), de Ciências Sociais na Universidade Federal da Bahia (1968). Ao longo das décadas de 1970 e 1980 a implantação de novos cursos amplia-se, dotando efetivamente o país de uma rede nacional de pós-graduação e pesquisa.

Entretanto, esse processo de expansão tem sido considerado exclusivamente por meio de seu lado quantitativo. A história das Ciências Sociais começa a ser escrita de uma forma inquietante, em termos gerais ela diz: "no passado o saber sociológico era um bem reservado a uma elite intelectual, as coisas mudaram devido à democratização do acesso a seu universo fechado". Seguindo esta linha de raciocínio, Bolívar Lamounier pondera que a mudança do marco institucional permite qualificá-la como uma passagem de um modelo burocrático-mandarinístico para outro pluralista e flexível, fenômeno consolidado no *"coming of age* de uma nova geração de profissionais". Há algo de insólito nessa maneira de ver as coisas. Ela nos recorda o argumento pós-moderno, ao qualificar o passado fordista de elitista, rígido e centralizador, atribui ao presente as qualidades de pluralismo, flexibilidade e democracia. Mas fica a pergunta: qual é o tipo de Sociologia praticada nesse contexto?

Parece uma sina o fato de as gerações se enfrentarem. A distinção que a escola paulista estabelecia entre ela e seus antecessores fundava-se na qualidade do saber científico produzido. O rompimento dava-se entre os precursores e os herdeiros que os rejeitavam. A geração pós-1964 encontrou o terreno aplainado, a ambiguidade entre ser ou não "ciência" tinha sido resolvida, restava redefinir o "modo de produção sociológico" como uma exigência dos novos tempos. No entanto, a oposição que se esboça entre "elitismo" (grupo restrito) e "democracia" (grupo ampliado) é superficial e deixa intocadas questões relevantes. No fundo, ela recupera a velha polêmica entre arte e cultura de massa. Diante de uma nova realidade técnica, os meios de comunicação, a cultura conheceria uma reversão de seu estatuto anterior, o confinamento a um espaço da elite. Identifica-se, assim, falsamente, o elitismo às manifestações artísticas e a democracia à ampliação do mercado de bens culturais. Mas a expansão da Sociologia não é a mera expressão da liberdade, ela denota um outro patamar de organização da cultura científica: sua profissionalização. A descontinuidade entre intelectuais e profissionais, que nos Estados Unidos emerge nos anos 1940, encontra entre nós, na década de 1970, um paralelo. Existe, porém, uma dimensão que a singulariza, a presença do Estado autoritário.

Muitas vezes pensamos a existência do regime militar como uma excrescência frontalmente antagônica à sociedade que o gerou. A barbárie do ato repressivo ofusca a visão levando-nos a esquecer que foi esta a via encontrada para se implantar o capitalismo avançado no Brasil. Olhando com cuidado, percebe-se que a contradição entre censura e cultura não era estrutural, mas conjuntural, definindo-se em termos táticos. O ato censor não era simplesmente um veto, ele atuava como repressão seletiva banindo determinadas posturas ou concepções. São censuradas as peças teatrais, os filmes, os livros, mas não o teatro, o cinema ou a indústria editorial, que se desenvolvem vertiginosamente nesse período. O Estado autoritário também incentiva a política cultural: Embratel, Conselho Federal de Cultura, Instituto Nacional do Cinema, Embrafilme, Funarte, Concine, Fundação Pró-Memória. Algo semelhante se passa com a universidade. Paralelamente às cassações dos professores, expulsos pela intolerância ideológica, tem-se o crescimento da pós-graduação, resultado da intenção deliberada dos governos militares. Até mesmo algumas agências estrangeiras, que antes tinham uma presença modesta no Brasil, se interessam de mais perto pelas Ciências Sociais. É o caso da Fundação Ford, que, durante o governo Medici, expande sua política de financiamento nessa área. Não possuo uma visão maniqueísta ou moralista do passado, seria inconsequente distinguir entre os heróis ou detratores da história. As universidades foram reprimidas e cerceadas pelo poder ditatorial, e muitas vezes nos insurgimos contra ele. Contudo, minha geração tem tendência a negligenciar certos fatos embaraçosos, afinal, foi esse o momento de nossa entrada na vida universitária. É patente que o quadro institucional foi construído à base de uma exclusão, os professores cassados, e uma inclusão, os novos profissionais. Em que medida isso não veio afetar a própria concepção do trabalho intelectual?

Em 1955, Florestan Fernandes enviou a Anísio Teixeira uma série de sugestões para o desenvolvimento das Ciências Humanas, um ano depois, ele apresentava ao governador do Estado de São Paulo, Jânio Quadros, um "relatório sobre a situação do ensino de Ciências Sociais na Universidade de São Paulo". Nos dois documentos pleiteava-se uma atuação maior do governo junto às universidades; para contornar as dificuldades da produção acadêmica ainda incipiente, apontava-se para propostas concretas: bolsas para alunos de cursos de aperfeiçoamento e doutorado, criação de equipes de pesquisa, verbas. Olhando retrospectivamente este quadro, pode-se dizer que tais condições foram preenchidas. Mas o leitor atento, ao percorrer as páginas de *A sociologia no Brasil,* encontrará um pequeno e sugestivo capítulo: "A geração perdida". Escrito bem mais tarde, já nos tempos dos militares, ele reflete o desencanto de toda uma geração que vê seus objetivos realizados de maneira perversa. Como observa Florestan Fernandes, havia uma utopia que alimentava a prática das Ciências Sociais, ela apoiava-se numa "obsessão política". Pode-se entender a afirmação de uma maneira restrita: Florestan Fernandes foi trotskista, Antonio

Candido e Maria Isaura Pereira de Queiroz, socialistas. Mas ele acrescenta, tratava-se de "uma obsessão que nascia da cultura e gravitava dentro dela, irradiando-se para os problemas da época e os dilemas da sociedade brasileira". Ela contrastava assim com as exigências pragmáticas do ideário nacionalista. Enquanto os sociólogos paulistas tinham uma concepção do político mais ampla, passando necessariamente pela cultura, os isebianos a reduziam a sua dimensão institucional. Daí a ênfase na ideia de utilidade, a escola isebiana queria fundar um saber autóctone, nacional, capaz de resolver os problemas sociais do país. O fundamento de sua legimitidade encontrava-se depositado em algo externo ao discurso científico, a habilidade em se promover o desenvolvimento.

Talvez, o período em que são implantadas as Ciências Sociais em São Paulo favoreça essa interpretação diferenciada das coisas. As décadas de 1940 e de 1950 são marcadas por uma criatividade cultural sem precedentes na história da cidade: Museu de Arte de São Paulo, Museu de Arte Moderna, Vera Cruz, Teatro Brasileiro de Comédia, Bienal. Momento em que se reformula a linguagem teatral, plástica, cinematográfica, e científica. Os anos 1920, com o Modernismo, conheceram a emergência de diversas propostas de ruptura, entretanto, elas eram muitas vezes intenções sem base material para sua realização. A sociedade paulistana da época era demasiadamente provinciana e a modernidade um ideal projetado no futuro. Enfim, um modernismo sem a modernização efetiva da sociedade. As mudanças eram, agora, mais profundas, afastando-se da mentalidade paroquial e conservadora, avessa às manifestações eruditas (exceto, como signo de ostentação) ou às manifestações de caráter vanguardista (tipo Teatro de Arena). Engajar-se significava deixar-se envolver pelo clima de efervescência que vazava no próprio trabalho intelectual. Não seria o caso de dizer que a força dessa geração provinha desse engajamento?

Creio que a escola paulista, e não somente o círculo restrito que as memórias de Florestan Fernandes contemplam, é marcada por uma percepção clássica e humanística da Sociologia. O diálogo com a sociedade, distinto da formação técnica e profissional, era visto como decisivo na articulação do pensamento. Isso implica em se cultivar uma relação particular com a política, alimentando-se de suas contradições. A soberania do saber não pode ceder às exigências do partido político, do governo, dos sindicatos ou dos movimentos sociais. Caso contrário, sua autonomia seria desfeita. Florestan Fernandes, ao discutir o trabalho teórico, pondera que "uma atividade militante intensa é incompatível com a vida acadêmica: ela pode ser posta de modo transitório em dados momentos". Minha breve experiência sindical leva-me a concordar com isso. A política quebra o isolamento intelectual, mas seu exercício prolongado nos empurra para as razões pragmáticas que lhes são inerentes. Sua lógica requer uma outra atitude face à reflexão. Não se deve pensar que apenas a censura, o que pode ou não ser dito, diferencie essas duas atividades. Também no âmbito do pensamento científico não se pode dizer qualquer coisa. O problema reside na forma como as coisas são ditas. A construção do objeto sociológico, por ser distinta, muitas vezes colide com a premência da vida política. Os discursos têm orientações diversas. Entretanto, a historicidade das Ciências Sociais implica a proximidade com os dilemas do mundo, sem o que seriam irrelevantes. A criatividade sociológica supõe um corte com o senso comum e uma elaboração permanente e audaciosa de novas hipóteses. As criações dos grandes sociólogos não pode ser reduzida, nem ao grito da revolta, a simples ideologia, nem ao rigor das construções científicas. No interior da obra de um autor existe, para utilizar uma expressão de Georges Gurvitch, um grau diferenciado de coeficiente ideológico. O *Manifesto Comunista* não possui a mesma complexidade de *O Capital,* e os escritos de Durkheim sobre o divórcio não refletem com a mesma profundidade os temas analisados em *O suicídio.* Os elementos ideológicos insinuam-se a todo o momento e devem ser controlados a partir de uma vigilância permanente. Mas é impossível não reconhecer que é justamente este aspecto que faz a reflexão avançar. Como pensar as obras de Weber sem o seu pessimismo em relação à racionalidade capitalista, ou de Marx sem sua fé revolucionária? A criatividade sociológica alimenta-se de uma situação ambivalente: o rigor científico e um vínculo visceral com a contemporaneidade. Por isso a categoria de intelectual orgânico é inadequada para circunscrever o artesanato acadêmico. Dos *Quaderni del Carceri* prefiro a passagem na qual Grasmci nos fala da atividade intelectual como uma "ironia apaixonada". A ironia distancia-me da realidade imediata, permitindo-me transcendê-la, a paixão recoloca-me no mundo.

Essa tensão entre proximidade e distância, engajamento e soberania, tende a desaparecer com a profissionalização das disciplinas, sua extinção termina por aprisionar o pensamento na engrenagem das instituições. Essa pacificação da consciência intelectual, seu aburguesamento, diria Buñuel, coincide com o movimento de racionalização e de institucionalização dos anos 1960 e 1970. Entre nós, o Estado autoritário desencadeou um duplo processo de desencantamento do mundo. No nível estrutural, via modernização, ele atinge a sociedade como um todo, no entanto, na esfera da política, ele introduz uma dimensão de planejamento inerente à sua visão coercitiva. No caso brasileiro, uma conjunção de forças, concentradas numa determinada duração, favoreceu o ajustamento dos indivíduos às novas formas de organização social. As Ciências Sociais não escapam desse destino, o braço repressor e a modernização acelerada acentuaram o hiato geracional, configurando e legitimando um novo modo de produção acadêmica. Sem o saber, Florestan Fernandes estava se referindo a uma outra geração, que contrariamente à dele, tem hoje dificuldade em encontrar espaço para "se perder". Com o crescimento do mercado universitário, a produção nas Ciências Sociais tende muitas vezes a reproduzir os imperativos da razão organizacional. A defesa dos interesses corporativos, sobretudo quando existem recursos para isso, torna-se preponderante sobre o projeto acadêmico. Os relatórios de pesquisa e os *papers*, gradativamente vão substituindo os livros e os ensaios, o saber sendo corroído no seu próprio fundamento.

Não é surpreendente que as coisas tenham se passado dessa maneira, levando-se em consideração as mudanças em curso, dificilmente o resultado seria diverso. A comparação sugerida com a escola de Chicago indicava que a autonomização das Ciências Sociais foi tardia entre nós, mas é preciso acrescentar, ela era ainda fragmentada e incipiente. No Rio de Janeiro, Minas Gerais, Bahia e Pernambuco, a prática sociológica estava estreitamente vinculada às escolas superiores tradicionais, Direito e Medicina, sendo atravessada pelo autodidatismo. Na Guanabara, sob o ataque das forças conservadoras, particularmente a tradição católica, o pensamento sociológico sofreu um golpe em 1939 com a extinção da Universidade do Distrito Federal. Em Belo Horizonte, o ensino da Sociologia implantou-se de início nos colégios universitários, em 1941 foi organizado o primeiro curso de graduação em Ciências Sociais na Faculdade de Filosofia. No entanto, ele encerrou suas atividades no ano seguinte por falta de candidatos, sendo reaberto em 1947 e, deveríamos sublinhar, com professores improvisados. No nordeste, a atividade intelectual concentrava-se nos antigos Institutos Históricos e Geográficos da época imperial. Ainda nos anos 1970, uma parte expressiva do corpo docente não possuía uma qualificação profissional adequada, mesclando o autodidatismo e bele-trismo regional. No caso da Antropologia, nas universidades federais, era frequente encontrar folcloristas que se dedicavam a ensiná-las.

Na verdade, a consolidação das Ciências Sociais em escala nacional somente se deu nas décadas de 1960 e 1970, quando o trabalho intelectual encontrava-se em plena mutação. A política de pós-graduação teve, portanto, de ser construída sobre uma tradição incompleta e fragmentada. Por isso, a discussão sobre a qualidade acadêmica sempre foi delicada entre nós, ela silencia sobre determinados aspectos de nossa história, deixa intocadas as questões espinhosas. Ao lado dos contragolpes do regime autoritário, expulsando pessoas renomadas do campo intelectual, temos um terreno que deita raízes no passado de nossos precursores. *O coming of age* da nova geração de profissionais pouco tem de glorioso, não possuindo o capital simbólico legado pela tradição, construiu-se a nova legitimidade acadêmica sobre os alicerces institucionais. Não é fortuito que a polêmica sobre a competência, no Brasil, venha muitas vezes encobrir uma demanda burocrática: a necessidade dos órgãos de financiamento estabelecerem critérios racionais para uma melhor distribuição dos recursos.

As costureiras e o ofício intelectual

Não me recordo muito bem quando a ideia de visitar os Estados Unidos veio-me à cabeça, provavelmente ao conhecer Ralph della Cava numa agitada reunião da Sociedade Brasileira para o Progresso da Ciência, em 1977. A ditadura militar havia proibido sua realização (a ideologia da segurança nacional era obcecada pela ideia de contágio), e como os reitores das universidades públicas temiam a repressão das forças policiais, coube à figura do cardeal de São Paulo desafiá-las. Foi um encontro tenso, ocorreu sob os olhos irônicos e vigilantes de Galileu, que, no cartaz do evento, dizia de maneira desafiadora aos seus inquisidores: *Eppur si muove*. Subitamente, a Pontifícia Universidade Católica transformou-se em símbolo de resistência política, fazendo-nos acreditar que, de fato "a Terra se movia". Ficamos amigos e aos poucos deixei-me envolver por seu charme ítalo-nova-iorquino. Eu sentia uma lacuna na minha formação anterior e cogitava em ter novas experiências, uma abertura para o universo anglo-saxão seria benéfica para mim. Não sem dificuldades encaminhei meu projeto, mas não pude usufruir da bolsa concedida pelo CNPq, havia a questão pendente com o Serviço Nacional de Informações, quando fui denunciado em João Pessoa, e o Ministério da Educação não dava um passo sem a anuência dos militares. Contornei a situação usando um artifício administrativo, transformei as licenças acumuladas em período de afastamento. Cheguei a Nova York em janeiro de 1979, com os parcos recursos que possuía subaluguei um quarto no apartamento de um jovem estudante de Filosofia. Permaneci na cidade por quatro meses, participava do seminário coordenado por Eric Wolf na *The City University*. Wolf era um sujeito afável, erudito, intelectualmente generoso, congregava à sua volta uma pequena horda de *radical Americans*. O ambiente de discussão era criativo, estimulante e, contrariamente a muitas partes do país, cosmopolita.

Retornei a Nova York em 1983, a cidade tinha me encantado com sua dimensão imensa, os eventos culturais, as bibliotecas, as livrarias, os cafés. Minha paixão pelo cinema encontrava aí um ambiente propício, pois este é um dos poucos lugares do país no qual se pode escapar à tirania de *Hollywood*. Como bolsista Fulbright-Capes permaneci por um período de oito meses na Universidade de Columbia. Encontrei um *Latin American and Iberian Institute* paralisado, distante da reputação que usufruía nos anos 1960, quando

Charles Wagley era o seu diretor. Nas conversas futuras que tive com Octávio Ianni, ele relembrava com admiração, esteve por lá, dessa época de ouro com a qual nunca me deparei. Momento em que uma brilhante geração de *brazilianistas* desenvolveu uma série de estudos, entre eles, Della Cava, com seus trabalhos sobre o messianismo brasileiro. Mesmo assim a estada foi proveitosa. Como conferencista fiz inúmeras viagens, aceitava praticamente todos os convites que recebia, minha ânsia em conhecer o país era grande. Segui depois para South Bend (Indiana) para dar aulas e desenvolver pesquisas no *Kellog Institute* da Universidade de Notre Dame. Foi um período aborrecido, revelou-me a aspereza e a monotonia da América profunda. South Bend encontrava-se isolada, cercada de cereais por todos os lados. O instituto carregava em seu nome a marca indelével do cultivo do milho, kelloguianamente aprisionando-me em sua caixa de *corn flakes*. Mas a estadia frugal e ascética teve um mérito, introduziu-me no mundo das máquinas eletrônicas. Cheguei aos Estados Unidos quando as grandes firmas começavam a popularizar os computadores pessoais, sua estratégia comercial era conquistar os universitários. Havia descontos e promoções especiais desses aparatos inusitados, com memória reduzida, várias restrições técnicas, prenúncio de mudanças permanentes em nossos hábitos cotidianos.

O trabalho intelectual possui uma dimensão acentuadamente feminina, ele se contrapõe à engenharia, medicina, computação, profissões que gozam de maior prestígio na sociedade. A divisão entre ciências humanas e exatas encerra muito da polaridade, feminino/masculino, esquerda/direita, privado/público. Sabemos que tais dicotomias não são neutras, elas representam formas sutis de valorização e demérito, visibilidade e ocultamento. Talvez por isso os pensadores do século XIX buscassem, a qualquer preço, fundar sua autoridade no modelo das ciências da natureza, elas lhes davam a garantia da objetividade denegada aos estudos da sociedade. Comte considerava a Sociologia um capítulo da Biologia, e o célebre discurso de Engels junto à sepultura de Marx, homenageando-o como um dos maiores pensadores do século, o compara a outro grande cientista, Darwin. Não é apenas enquanto exterioridade que a atividade intelectual se desvenda como feminina, a temporalidade da casa, descontínua, entrecortada, a diferencia das ocupações da rua. Carl Schorske, em seu belo livro *Viena Fin-de-Siècle,* mostra que uma das principais transformações da urbanística moderna foi a separação entre as construções residenciais e os prédios de negócios. Nos primeiros anos da reforma da *Ringstrasse* (1870) esta ruptura não se fazia sentir plenamente, os empresários têxteis construíam edifícios nos quais conjugavam residência e local de trabalho. Os andares de cima eram usados como depósitos ou extensão do escritório, o térreo, reservado à moradia. O mundo burguês emergente retinha do passado alguns traços tradicionais e as funções, habitar e trabalhar, encontravam-se confundidas. Com Otto Wagner, isso se rompe, definitivamente uma concepção racional orienta a ocupação do espaço, dividindo-o de acordo com as atividades específicas nele inscritas. Diria mais tarde, Le Corbusier, a casa torna-se uma "máquina de habitar" e funcionalmente se ajusta às engrenagens da divisão de trabalho. O fazer intelectual resiste a essas mudanças e a lembrança do artesanal insinua-se nas malhas da racionalidade moderna. Weber, ao escrever "A ciência como vocação", acreditava que os grandes institutos científicos tinham tendência a funcionar como empresas capitalistas, "alienando o trabalhador dos meios de produção". Ele nos dá o exemplo dos livros, ao se deslocarem das casas para as bibliotecas distanciavam-se definitivamente de seus autênticos donos. O pessimismo weberiano oscilava entre a crítica e a resignação, é em parte exagerado. A reverência que nutrimos em relação aos livros, temos prazer em tocá-los, ordená-los nas estantes, atesta a permanência de um relacionamento afetivo que embaralha as fronteiras do tempo doméstico e o tempo profissional. É bem verdade que um autor como Lazarsfeld sonhava com um instituto de pesquisa no qual existiria uma grande divisão de trabalho, uma organização hierárquica, racional e eficaz, e uma padronização dos conceitos e das técnicas. Em sua autobiografia, ele se confessa um político frustrado, não tendo a possibilidade de dirigir um aparelho partidário, contentou-se com a direção de institutos de pesquisa nos Estados Unidos. Mas a presença da técnica e da organização do conhecimento conhece também entraves.

O ofício intelectual pode ser comparado a um tipo específico de afazer doméstico: a costura. Costurar requer uma habilidade e um certo saber. É somente com a prática, acumulada ao longo dos anos, que se chega a compor satisfatoriamente uma roupa, uma toalha, um adorno. Labor artesanal no qual se revela a individualidade e a experiência de quem o executa. Colocar a agulha na linha, combinar os panos, efetuar o corte, são operações delicadas, exigem paciência e concentração. Nesse sentido, a expressão "costurar as ideias", exprime algo intrínseco à sua natureza. Diz-se: um texto está "desalinhavado", sugerindo, analogamente às vestimentas, que estaria mau ajustado, inacabado. Mas há uma diferença entre as costureiras e os alfaiates. Esses últimos são especialistas em cortes masculinos, trabalham como aqueles cientistas sociais que só conseguem coser um número limitado de palavras. Profissionais, operam com ideias fixas. O desconforto em relação à racionalização do trabalho torna-se explícito quando Isaac Singer inventa a máquina de costura. A partir de então, a produção em série pode ser agilizada, impulsionando a indústria de confecções. O surgimento dos *grands magasins*, *Bon Marché*, *Samaritaine*, *Printemps*, é paralelo a essas inovações, e seu advento contemporâneo a uma revolução na esfera da confecção. O movimento de padronização das roupas impunha uma reorganização no sistema de produção de vestimentas, que passa da fabricação sob encomenda para uma produção voltada para o mercado. Surge, assim, uma nova figura, o negociante transformador. Ele cria a moda, define os tecidos a serem fabricados, divide os pedidos entre os centros industriais e os revende, após retrabalhá-los. Essas operações lhe permitem comprar uma grande quantidade de tecidos, abaixando o preço da mercadoria. Mas é necessário ainda escoar os produtos, fazê-los circular o mais rapidamente possível. As lojas de departamento são as novas catedrais do consumo, nela se aglomera a multidão, aglutinam-se os acólitos. A vida de nossas costureiras deve, portanto, se alterar, trabalhando suas peças, agora, em migalhas, adaptam-se ao processo de taylorização. Cada uma delas responde por uma parte de um vestido, de um terno, de uma camisa, perdendo-se o todo de vista. Na fábrica, são capazes de efetuar todas as operações que conduzem à confecção de uma roupa, em casa, na solidão de suas vidas, não mais conseguem reproduzi-las como obra de costura.

Obra de costura. O termo é saboroso, embora a fotografia revelada pela câmera da modernidade seja inquietante. Em que medida a técnica empurraria a escrita para um destino similar? Ao substituir a máquina de escrever pelo computador, entendi que nos cabia uma autonomia razoável em relação à mecanização das tarefas. Resta-nos sempre o espaço feminino da casa para reinterpretá-las. O aparato, ao inserir-se no escritório, num canto da sala, no fundo do quarto de dormir, partilha com os papéis, os livros, a mobília, outra territorialidade. Entrecortadamente, ao sabor do ritmo ditado por mim, o utilizo, alternando minhas tarefas. Quando uso cortar e colar, partindo um pedaço de meu texto para inseri-lo numa outra posição, retomo as operações de corte e costura. Com uma vantagem, posso desmanchar o tecido inúmeras vezes, rearranjando-o segundo minhas inclinações teóricas ou estéticas. O fazer artesanal vê, assim, suas fronteiras ampliadas. A cada momento, reedito no vídeo a página escrita, infinitamente eu a corto, a mutilo, corrigindo e alinhavando as ideias. Os cientistas sociais, preocupados com a construção do objeto sociológico, às vezes se esquecem de que o pensamento se realiza no texto. Ele é o suporte e a concretização do recorte conceitual. As mesmas informações, os mesmos dados podem ser costurados de maneira distinta por pesquisadores diferentes. Não há objeto fora do texto e seu conteúdo, para existir, deve formalizar-se. Uma boa parte da exposição argumentativa é uma questão de composição. As informações primárias são previamente apreciadas, filtradas, antes de figurarem na página em branco ou na tela do computador. A composição é um elemento decisivo desse fazer. Mesmo nas realizações mais simples, padronizadas, como geralmente ocorre com os relatórios de pesquisa. Um texto se elabora com um emaranhado de fios. Fruto de leituras anteriores e da pesquisa. Posso tecer com poucos fios, minha tela sairá um tanto empobrecida, monocromática. Quando junto cores e espessuras diferentes, altero sua granulação, seu matiz. Uma tela rica possui tonalidades e sombras, sua superfície é irregular e rugosa. Os fios, ou melhor, seu entrelaçamento, fazem o resultado final. Quando escrevemos, temos um conjunto de novelos à nossa disposição. Claro, há sempre o risco de se perder na busca dessas referências têxteis. Por isso, uma seleção criteriosa se impõe, trabalha-se com um número limitado deles. A escrita é o resultado da conjunção entre a agulha, os fios e o pano, a problemática teórica e os dados.

A permanência nos Estados Unidos foi promissora, incorporei a contribuição de novos autores e publicações. Aos poucos fui tomando consciência de que a internacionalização das Ciências Sociais é irreversível e que é preciso desconfiar das fronteiras. Os países não podem ser vistos como unidades fechadas em si, uma ideia banal, mas estranha à obsessão pelo nacional existente no Brasil e na América Latina. É provável que a leitura de Wallerstein, com sua ideia de *world system,* tenha me influenciado; durante minha primeira estada em Nova York, li com avidez seus escritos sobre a história do capitalismo. Quando retornei, na frugalidade de South Bend, devorei os três volumes de Fernand Braudel sobre a economia-mundo. No entanto, minha experiência pessoal, inscrita em meu corpo, evoluía nessa direção. São grandes as exigências para se elaborar um trabalho consistente, ele demanda um conhecimento razoável do que está sendo realizado em outros lugares, requer viagens de pesquisa, consultas a bibliotecas, formas de se romper com o paroquialismo. Reforcei também minha crença na importância das pesquisas empíricas (e não tenho dúvida, a leitura de livros é também uma atividade dessa natureza). Sem os excessos que isso implica, pois em muitos lugares a palavra teoria tinha sido praticamente banida do vocabulário sociológico. Mas é indubitável que aí se desenvolveu uma técnica e uma valorização da coleta de dados, que em hipótese alguma pode ser negligenciada. Por fim, as bibliotecas são de uma riqueza imensa. Os americanos as tratam com reverência e afeição, eles compreenderam que os livros são tesouros para serem expostos e desfrutados. Contemplá-los não é incompatível com uma necessidade anterior, sua utilização. Em Paris, nada havia de parecido. A falta de um sistema unificado de bibliotecas, estão espalhadas pela cidade, exigia do pesquisador uma peregrinação incessante entre elas. A velha *Bibliothèque Nationale* tinha um charme imenso, sua arquitetura com o teto abobadado, a luz mortiça das lâmpadas sobre a cabeceira das mesas, as cadeiras em sintonia com a decoração neoclássica, as cores pastel das paredes, sóbrias, delicadas, tudo em harmonia com seu desenho estético. O edifício da Rue

Richelieu, em si, era um rico e belíssimo patrimônio, a ser preservado com os documentos nele encerrados. Entretanto, a fila de entrada à sua porta, o tempo de espera pelos livros, a falta de qualquer tipo de classificação eletrônica, a lentidão da burocracia francesa, tornava a vida do visitante miserável, embora, esteticamente prazerosa.

A vida universitária norte-americana também me assustou. Não por sua americanidade, o que lhe era intrínseco — aprendi a valorizar os nichos onde se realizavam estudos valiosos, de envergadura —, mas por me desvendar sem ambiguidades uma tendência que no Brasil florescia sob meus olhos. O processo de taylorização do conhecimento pulverizou as disciplinas, elas giram em torno de um mercado de profissionais cuja preocupação principal é elaborar rápidas análises conjunturais. Essa atividade incessante assegura a sensação de produtividade. A política do *publish or perish* pouco tem a ver com a qualidade do que é elaborado, seu objetivo é multiplicar os pequenos estudos, retocados e requentados sob formas variadas, de modo a nos iludir de sua competitividade aparente. O modelo empresarial contaminou a universidade, penetrando-lhe os poros e a medula. *Competition, leadership, organization,* são valores incorporados pelos pesquisadores, como se realmente houvesse uma homologia entre o trabalho acadêmico e o administrativo. Os congressos dos profissionais lembram um grande entreposto comercial, cuja finalidade última é azeitar uma engrenagem girando sobre si mesma. São encontros desproporcionalmente enormes, cuja preocupação maior vincula-se ao desempenho profissional, o mercado de trabalho. Nos anos 1940 e 1950, Robert Merton inspirou um conjunto de estudos sobre a sociologia da ciência, uma parte deles dedicou-se à visibilidade dos cientistas. Ele considerava a ciência como uma instituição independente, no interior da qual existiriam algumas funções fundamentais. Uma delas, o mecanismo de premiações: ao reconhecer o prestígio de algumas pessoas ele atuaria como um incentivo à prática científica. Esses estudos tinham a intenção de apreender, às vezes mensurar, a relação entre competência e visibilidade. No entanto, Merton estava ciente das distorções e das consequências nefastas que a ênfase excessiva sobre a visibilidade traria para o mundo científico (ele denominava tal disfunção "efeito Mateus"). A burocratização da atividade acadêmica, transformando-se em técnica de avaliação da produtividade, acentuou esses traços negativos. As bases de dados, configuradas a partir da contagem de citações dos trabalhos publicados, adquirem, assim, um novo significado. Elas transformam-se em referências inquestionáveis da própria excelência do que está sendo realizado. Surgem as listas dos autores, artigos, departamentos, universidades, mais "citados", portanto, inequivocamente considerados os "mais importantes". Essa hipertrofia quantitativa redefine a representação anterior do trabalho intelectual. Havia algo de encantador nos pensadores do passado, seus escritos pertenciam a uma intenção comum, movimento que se cristaliza na ideia de obra. Ela requer criatividade, tenacidade e, sobretudo, constância. Uma obra é a realização de um trabalho, a rigor deveríamos dizer, diversos deles, no plural. Uma linha contínua os interliga, os avizinha, sendo todos resultado da mesma potência. Apesar de suas diferenças e configurações, inscrevem-se num mesmo percurso. A potência é sempre algo virtual, dizem os físicos, ela é trabalho na unidade de tempo. Como o tempo é uma variável futura, ainda não passou, falta-lhe a dimensão do espaço, o deslocamento ao qual se aplica a força que o realiza. Uma obra é potência + trabalhos. A ideia de produtividade se aplica mal à apreensão de seu movimento, ela se apega demasiadamente à materialidade dos pontos descontínuos, focalizando separadamente as etapas de um mesmo esforço. Importa o resultado final: eu termino um texto, "produzo" um artigo ou um relatório de pesquisa. Isso encerraria um ciclo, posso inclusive medir meu rendimento, pois o resultado de minha atividade é palpável, tangível. Na sua duração temporal uma obra desloca a atenção dos instantes para fixá-la na trajetória do todo. A riqueza encontra-se na sua complexidade, atualizada em cada trabalho singular e na sua variação contínua, envolvendo o conjunto de suas manifestações. A lógica instrumental possui outras exigências, outras motivações, ela se contenta com os produtos esquecendo-se dos processos que a antecedem e lhe deram origem. Custei a entender o prestígio de um lugar como Harvard, cuja contribuição para o pensamento sociológico sempre foi mitigada. Basta conhecermos um pouco a história das ideias para sabermos que a escola de Chicago a supera em todos os sentidos. A importância de Harvard provém de outra fonte, de suas pesquisas em ciência e tecnologia e a formação de quadros para o Estado e as corporações (administradores de empresa, economistas, advogados). Um panorama bastante diferente do que eu conhecia na França, onde o *Collège de France* ou a *École Pratique des Hautes Études* garantiam um espaço relativamente autônomo para a reflexão. Não é casual que os críticos mais lúcidos dos mecanismos de institucionalização das

Ciências Sociais sejam, americanos (Mills, Gouldner) ou exilados europeus nos Estados Unidos (Adorno, Marcuse). Na Europa, as instituições tradicionais, em alguma medida, e por um certo tempo, as preservaram da instrumentalização *tout court*.

Houve uma época em que *Introduction to the science of Sociology*, compêndio de textos diversos, era um livro muito lido e famoso. Nele existe uma seção denominada "contato social", na qual figuram as contribuições de Sombart e Simmel sobre o estrangeiro. Os pensadores da Escola de Chicago estavam interessados em algumas classificações sociais específicas e, entre elas, o estrangeiro desfrutava de uma certa aura. Devido à sua posição de exterioridade, sua inserção na sociedade encontra-se marcada pela inadequação e pela incompletude. O forasteiro é sempre alguém sem raízes, deslocado de suas origens, o que em princípio lhe permitiria maior mobilidade física e espírito de inovação. Mas há uma diferença de entonação na abordagem desses autores. Sombart concebe a condição de estrangeiro fundamentalmente como algo concreto, ele "é" um ser à parte, não possui o sentido de passado ou presente, apenas o futuro (como os povoadores norte-americanos da época colonial); não traz consigo nenhuma tradição anterior, age segundo sua vontade própria, pois não se encontra amarrado à tradição do solo ao qual busca assimilar-se. Em Simmel, a questão é matizada e multiforme. É verdade que ele também ocupa uma determinada posição social, por isso possui maior liberdade diante das convenções de um país, mas, além disso, ele encerra uma outra virtude, é um observador cujo ponto de vista, sendo externo, é privilegiado. Somos assim introduzidos à problemática do pensamento. A metáfora remete à ideia de espaço, a extraterritorialidade lhe confere uma deslocalização denegada a outras condições de observação, digamos assim, mais rotineiras. O estrangeiro "olha" a sociedade através de um outro prisma, seu desenraizamento. Talvez Simmel se exceda ao dizer que tal perspectiva lhe garanta uma objetividade maior (ele usa aspas) do que outras formas de pensamento. Ressalto, porém, um aspecto fundamental de seu ensaio, a qualidade em ser um *outsider* é algo que *a priori* favoreceria um certo inconformismo em relação à ordem estabelecida das ideias.

Outra alegoria se aplica ao trabalho intelectual: a de *flânnerie*. Cunhada na esfera artística, pouco utilizada pelos cientistas sociais, ela também retém a dimensão espacial como núcleo de sua configuração. O *flâneur* é alguém que se desloca pela cidade, nesse sentido, ele é marcado pelo movimento, enquanto o estrangeiro contenta-se com a fixidez de sua inadequação. Não é preciso ainda que ele seja um estranho ao lugar, seu traço idiossincrático é a ambivalência, estar simultaneamente fora e dentro, de um determinado território. Quando Baudelaire escreve seu famoso ensaio "O pintor da vida moderna", no qual o termo modernidade é cunhado, esta é qualidade que se preza. "Para o perfeito *flâneur*, para o observador apaixonado, é um prazer imenso encontrar domicílo na ondulação da multidão, no movimento, no fugidio e no infinito. Estar fora de casa, e no entanto sentir-se em casa em qualquer lugar; ver o mundo, estar no seu centro e permanecer oculto ao mundo... O observador é um príncipe cujo prazer é estar sempre incógnito." A duplicidade lhe permite apreender as coisas que a mirada habitual deixa escapar. Movimento, o pensamento flui à medida que a mente se desloca, ela acompanha os passos daquele que caminha e incessantemente muda de lugar e de perspectiva. As dimensões do estrangeiro e do *flânneur* convergem e se complementam em outro tipo de metáfora, a viagem. Ela é antes de mais nada um deslocamento no espaço, mas não mais restrito à uma cidade (Paris, pois Benjamin dizia que a arte da *flânnerie* não existia em outras aglomerações urbanas), seu território é mais amplo, atravessado por fronteiras distintas. A viagem pressupõe uma duração específica marcada pela partida e pela chegada, seu trajeto é balizado por essas duas referências temporais. O viajante sai sempre de um lugar, sua casa, o mundo familiar, e ao deambular na vastidão espacial que o consome, afasta-se de sua terra natal. Toda viagem tem algo de um ritual de passagem, de separação. O viajante é um estrangeiro que se move em terras desconhecidas, ultrapassa os limites de sua província, incessantemente a contradiz e a contrasta à diferença do Outro. Cada nova fronteira é um desafio, aprofundando o seu estranhamento. A rigor, esta é a palavra-chave. A questão não é tanto ser efetivamente estrangeiro, alguém à parte da sociedade; o crucial é a capacidade de se produzir um estranhamento em relação à aparência de realidade, aquilo que nos cerca, o imediatamente dado. O trabalho intelectual deve romper as fronteiras do senso comum, mas para isso é preciso desconfiar da ilusão do real. A viagem é uma artimanha para se forjar a alteridade analítica. Talvez seja possível caracterizá-la, não apenas como o resultado de um deslocamento, mas também, como uma experiência temporal. Pode-se imaginar o viajante imóvel num ponto, vendo o mundo perfilar diante de seus olhos. Nesse caso, as imagens da realidade, como numa película cinematográfica, movimentam-se diante de sua fixidez, incessantes, elas o fustigam e o envolvem. Um pouco como o personagem de Poe, sentado num café em Londres, sem se mexer, contemplava a multidão lá fora. O movimento lhe era externo, mas dele emanava a mesma sensação de duplicidade, estar próximo e distante do mundo.

O tempo em que permaneci fora do país fez-me também meditar. Depois de viver alguns anos em Belo Horizonte, sentia a necessidade de retornar a São Paulo. Os motivos eram vários. Afetivo, pois nunca consegui romper com o fascínio que a cidade exercia sobre mim. Mesmo quando vivia em Paris, ela desfrutava um lugar idealizado na minha fantasia. Sabia que São Paulo não era meu *paese*, meu quinhão, eu a havia habitado por pouco tempo, mas minha vida errante necessitava de um enraizamento simbólico, um *topos* no qual sedimentar minhas amarras. A cidade preenchia essas condições imaginárias. Eu me sentia também à margem do mundo mineiro, a política foi a única atividade que realizei com prazer, ela me possuiu. Mas ao afastar-me do movimento de docentes, sem o perceber, fui me isolando cada vez mais. Era um estranho. A universidade oferecia-me um bom local de trabalho, mas tinha a impressão, alimentada pelos meus fantasmas, de que nada mais poderia realizar, como se os caminhos à minha frente, subitamente se fechassem. Outros tropeços, difíceis de se confessar no convívio social, provavelmente me influenciaram, particularmente os obstáculos para se publicar fora do eixo Rio-São Paulo. A desigualdade regional brasileira, assunto tabu entre nós, amarga a vida intelectual na "periferia". Este sentimento de exclusão, alimentado por razões objetivas, recalcado como forma de polidez, incomodava-me profundamente. Entreguei novamente meu pedido de demissão. Em março de 1985, o Programa de Pós-Graduação em Ciências Sociais da PUC dava-me abrigo, receberam-me com atenção e afeto. Retornava a São Paulo 15 anos depois de ter abandonado a praça Clóvis Beviláqua, ela já não mais existia, sua velha localização tinha desaparecido com as reformas da região da Sé. Demolição expressiva, soterrando as ruínas de minhas recordações. Não voltaria aos braços que me uniam à escola agrária, aos amigos de infância, à vida familiar, minha errância tinha me separado dessa lembrança cálida. Digo, quase inteiramente afastado, pois nem o mais completo ritual de passagem destrói os laços que a memória alcança.

Sobre o autor

Renato Ortiz nasceu em Ribeirão Preto, São Paulo, em 1947. Estudou na Escola Politécnica (USP) entre 1966 e 1969. Formou-se em Sociologia pela Universidade de Paris VIII e doutorou-se em Sociologia e Antropologia pela École des Hautes Études en Sciences Sociales (Paris).

Foi professor da Universidade de Louvain (1974--1975), da UFMG (1977-1984) e do Programa de Pós-Graduação em Ciências Sociais da PUC-SP (1985-1988). Atualmente é Professor Titular do Departamento de Sociologia da Unicamp. Foi pesquisador do Latin American Institute da Universidade de Columbia, do Kellog Institute de Notre Dame, professor visitante da Escuela de Antropologia, no México, e Titular da Cátedra Simon Bolívar do Institut des Hautes Études en Amérique Latine e da Cátedra Joaquim Nabuco da Universidade de Stanford.

É autor dos livros *A consciência fragmentada* (Paz e Terra), *Pierre Bourdieu* (Ática), *Telenovela: história e produção*, em coautoria com José Mario Ortiz e Silvia S. Borelli (Brasiliense), *Cultura brasileira e identidade nacional* (Brasiliense), *A moderna tradição brasileira* (Brasiliense), *A morte branca do feiticeiro negro: umbanda e sociedade brasileira* (Brasiliense), *Cultura e modernidade* (Brasiliense), *Românticos e folcloristas* (Olho D'Água), *Mundialização e cultura* (Brasiliense), *Um outro território: ensaios sobre a mundialização* (Olho D'Água), *O próximo e o distante: Japão e modernidade-mundo* (Brasiliense), *Mundialização: saberes e crenças* (Brasiliense) e *A diversidade dos sotaques* (Brasiliense).